Vous aimez la littérature ?
Consultez notre catalogue et l'annonce de nos prochaines parutions sur notre site : www.cherche-midi.com

Direction éditoriale : Virginie François
Éditeur : Alix de Sanderval
Conception graphique et illustrations : Corinne Liger
avec l'aide de All-Silhouettes.com et de Clément Soulmagnon (p. 51)

23, rue du Cherche-Midi
75006 Paris

Le coiffeur de Marie-Antoinette et autres oubliés de l'Histoire

Du même participant

Romans, récits, nouvelles
Monsieur le jardinier, Grasset, 1999
La Passe au diable, Grasset, 2002
La Ménagerie de Versailles, Grasset, 2007
Jean-Jacques, Grasset, 2008
Le Val Clos, Éolienne, 2010

Biographies, essais
Luc Dietrich, Le Temps qu'il fait, 1998 (direction d'ouvrage)
René Daumal, l'archange (avec Jean-Philippe de Tonnac), Grasset, 1998
Boris Vian, Le Chêne, 1999
Luc Dietrich, Grasset, 2011, prix Alfred Verdaguer de l'Institut de France

Bandes dessinées
Le Maître de peinture (avec Pierre Makyo et Michel Faure), 3 tomes, Glénat, 2003-2005
Jean-Jacques (avec Pierre Makyo et Bruno Rocco), Delcourt, 2009
La Prison (avec Eugenio Sicomoro), Glénat, coll. « Destins », 2011
Le Complot de Ferney-Voltaire (avec Pierre Makyo et Didier Pagot), Glénat, 2012
La Bataille (avec Patrick Rambaud et Ivan Gil), 3 tomes, Dupuis, 2012-2014, prix Historia de la bande dessinée historique 2014
Bérézina (avec Patrick Rambaud et Ivan Gil), tome 1, Dupuis, 2016
Le Peuple des endormis (avec Didier Tronchet), Futuropolis, 2016
La Montagne invisible (avec Pierre Makyo et Léomax), tome 1, Delcourt (à paraître)

FRÉDÉRIC RICHAUD

Le coiffeur de Marie-Antoinette et autres oubliés de l'Histoire

cherche midi

Pour ma fille Alix,
ces inconnus
qu'elle connaît si bien

« JE N'AIME DE L'HISTOIRE
QUE LES ANECDOTES. »

PROSPER MÉRIMÉE

En guise d'avant-propos

L'idée de ce livre m'est venue alors que je participais à un salon du livre organisé sur la place d'un village de Provence. Le libraire qui m'avait invité avait disposé une pile de mon dernier roman devant moi et m'avait offert un café dans un gobelet en plastique. Mon stylo était plein ; j'avais, la veille, préparé quelques formules de dédicaces très pertinentes et j'affichais mon plus beau sourire à l'intention des badauds qui déambulaient devant moi, un peu comme on passe devant un rayon de fruits et légumes dont on se demande s'ils sont frais.

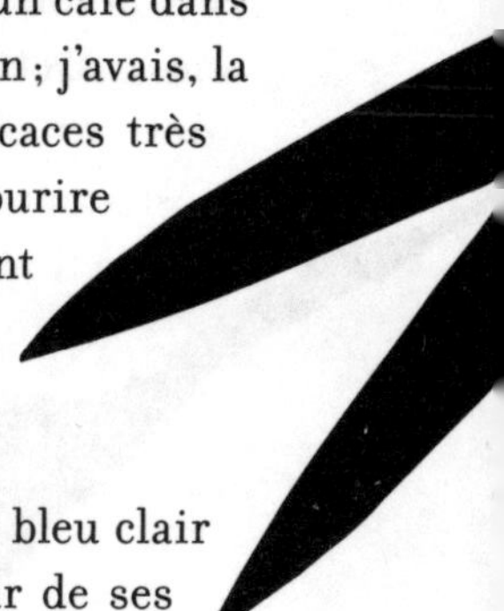

Et puis il est arrivé dans un costume bleu clair qui s'accordait parfaitement avec la couleur de ses yeux. Il m'a gentiment dit bonjour, s'est assis à ma droite et soudain, comme par enchantement, ce fut la ruée. Il en venait de tous les côtés : des jeunes, des vieux, des dames, des messieurs…

« Ah ! Monsieur d'Ormesson, ça fait bien plaisir de vous voir par chez nous !

– Ah ça oui ! C'est un honneur, même… »

Ni mon livre ni moi n'existions plus – si tant est que nous eussions jamais existé. Les gens s'asseyaient sur mes livres pour mieux voir ou photographier le maître qui, de sa petite voix de fausset, répondait à tous et à toutes avec une bienveillante attention. Deux heures plus tard, « l'éternel jeune homme » avait épuisé tout son stock. Il se leva, me dit gentiment au revoir et, poursuivi par quelques chasseurs d'autographes, me laissa seul avec ma pile de livres avachie, mon stylo plein et le sourire embarrassé du libraire.

Pourtant, contrairement à ce que celui-ci pouvait penser, je n'étais pas peiné le moins du monde : n'avais-je pas, moi le petit, le sans-grade, côtoyé un instant un grand homme ? Ne m'étais-je pas retrouvé, avec lui, de l'autre côté de la barrière (en l'occurrence une table de camping recouverte d'une nappe verte) qui sépare les élus du commun des mortels ? Et comme je partais fumer une cigarette (poursuivi par personne) encore tout illuminé par cette brusque révélation, le projet de ce livre m'est venu d'un coup : l'histoire, me suis-je demandé, n'est-elle pas truffée de d'Ormesson et d'anonymes qui les ont, un jour, une heure, côtoyés ou frôlés ?

Une fois rentré chez moi, j'ai voulu m'amuser à rechercher quelques compagnons qui se sont, eux aussi, retrouvés tapis dans l'ombre d'un grand homme ou d'un grand événement. Je n'ai pas eu à chercher bien longtemps : il en est soudain venu de tous les bords, de toutes les époques, de tous les milieux : des astronautes, des mécaniciens, des bouchers, des femmes au foyer, des horlogers, des coiffeurs, des fils de, des cyclistes, des pompistes et même des chats... On aurait dit qu'ils n'attendaient que cet instant pour sortir des limbes où l'Histoire, cette grande roue injuste, les tenait enfermés.

Alors j'ai fait comme M. d'Ormesson assis derrière sa table de camping : je les ai accueillis avec le sourire dans l'ordre où ils se sont présentés devant moi ; je les ai écoutés me raconter leur petite histoire oubliée, parfois gaie, parfois triste, parfois tragique et, en guise de dédicace – ou d'épitaphe –, je leur ai, à chacun, glissé à l'oreille :

« L'essentiel,
c'est de participer ! »

F. R.

Le dernier homme sur la Lune

EUGENE CERNAN, astronaute

Comme des millions de gens, je me rappelle très bien le jour où Neil Armstrong a posé le pied sur la Lune. C'était en juillet 1969. J'avais trois ans. À l'époque, nous n'avions pas la télévision à la maison. Ma mère nous avait emmenés, mon frère et moi, assister à l'événement dans l'arrière-boutique de la mère Tape-dur, l'épicière du quartier, qui devait son surnom au fait qu'elle pratiquait des prix dignes du Bon Marché.

Était-ce le matin ? L'après-midi ? Le jour ou la nuit ? Je ne me souviens plus. Mais je nous revois, mon frère et moi, assis sur des chaises en Formica, la tête penchée en arrière, en train de regarder une petite télévision noir et blanc perchée au sommet d'un Frigidaire. Sur l'écran, un type qui ressemblait au bonhomme Michelin de la station-service où mon père allait faire le plein de sa R 16 descendait une petite échelle tout en parlant comme s'il se bouchait le nez.

Par contre, comme des millions de gens, je ne me rappelle absolument pas où j'étais le 14 décembre 1972, le jour où Eugene Cernan, trente-cinq ans, fut, après quatre jours passés à collecter des minerais avec son ami Harrison Schmitt, le dernier homme à quitter le sol lunaire. Des douze astronautes qui sont allés sur la Lune, il est celui qui y a marché le plus longtemps : 22 heures, 3 minutes et 57 secondes. Il est aussi, au volant du Lunar Rover, le détenteur du record de vitesse lunaire : 11,2 *miles per hour*, soit 18 kilomètres à l'heure.

Si Armstrong a lancé une grande phrase en arrivant sur notre satellite, lui a laissé un petit mot en partant, trois lettres écrites avec son doigt dans la poussière : TDC, pour Tracy Dawn Cernan, les initiales de sa fille âgée de neuf ans.

MAUVAISE COMÉDIE POUR MARIE-ANTOINETTE

GUILLAUME-ANTOINE NOURRY, dit Grammont, acteur

En cette fin de matinée du 16 octobre 1793, les rues qui vont de la Conciergerie jusqu'à la place de la Révolution en passant par la rue Saint-Honoré et le pont au Change sont pleines à craquer. Tout le monde est venu voir passer Marie-Antoinette qui, quelques heures plus tôt, a été condamnée à mort par le tribunal révolutionnaire. Robespierre, qui craint des réactions inattendues de la part de la foule, a tout prévu. Non seulement il a fait disposer trente mille hommes de troupe le long du trajet mais il s'est également adjoint les services d'un comédien récemment retiré des planches, Guillaume-Antoine Nourry, dit Grammont, pour exciter la foule au passage de « Mme Déficit ».

Habillé en garde national, monté sur un cheval noir, l'ancien pensionnaire du Français, devenu entre-temps adjudant-général des armées, se donne à fond : tout en faisant de grands moulinets avec son sabre et en roulant des yeux terribles, il n'a de cesse de couvrir la reine d'injures. « Elle est foutue ! La voilà, la garce, la salope ! » Mais son jeu tombe à plat. Le peuple qui s'attendait à contempler un monstre s'émeut de voir passer une femme aux yeux rougis et au teint blême, vêtue d'un pauvre déshabillé de piqué blanc et dont le petit bonnet de linon cache mal ses cheveux devenus blancs. C'est elle, la traîtresse ? Aux vociférations de Grammont répondent des soupirs. Des hommes se signent, des femmes tombent à genoux, des enfants envoient des baisers.

Ce n'est pas la première fois que Guillaume-Antoine Nourry fait un four. Durant sa carrière au Français, les critiques ont souvent eu à déplorer « la sécheresse de son jeu, le défaut de sensibilité, et souvent même d'intelligence[1] ». En 1782, il a même été forcé de quitter précipitamment la scène, hué par le public qui désapprouvait son interprétation d'Orosmane dans *Zaïre*.

Arrêté le 13 mars 1794 pour s'être fourvoyé dans l'affaire dite « de la conspiration des prisons[2] », Nourry monte une dernière fois sur scène un mois plus tard, le 13 avril. C'est le bourreau Sanson qui, ce jour-là, lui donne la réplique. À 13 h 15, face à un parterre indifférent, sa tête, en tombant, fait comme une ultime révérence. Rideau.

---

1 Lemazurier P.-D., *Galerie historique des acteurs du théâtre français depuis 1600 jusqu'à nos jours*, chez Joseph Chaumerot, t. I, 1810.
2 Pour se débarrasser des prisonniers qui engorgeaient les prisons sous la Terreur, les révolutionnaires eurent l'idée de les condamner à mort par brassées entières en prétextant une conspiration de leur part.

ROUTE 466 POUR L'ENFER

RUDOLF KARL WÜTHERICH, dit Rolf Wütherich, mécanicien

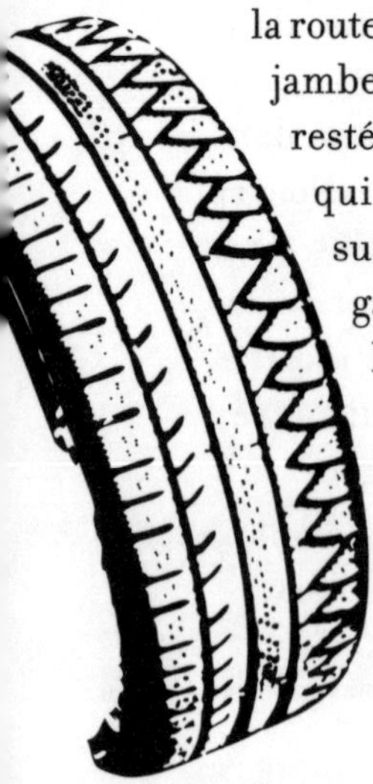

Le choc avec la Ford Sedan a été d'une telle violence que le passager de la Porsche 550 Spyder, le mécanicien Rolf Wütherich, a été éjecté de l'habitacle. Il a atterri sur le bas-côté de la route. Il est toujours conscient mais son bassin et ses jambes sont brisés. Le conducteur du bolide, lui, est resté prisonnier des tôles. Il n'entend pas Wütherich qui l'appelle : « Jimmy ! Jimmy ! Jimmy ! » Il gît sur la banquette avant, la nuque rompue, le pied gauche écrabouillé entre la pédale de frein et l'embrayage, les os des bras fracassés. Nous sommes le vendredi 30 septembre 1955, en Californie, sur la *highway* 466. Il est un peu plus de 17 h 30. James Dean et son mécanicien (dont certaines mauvaises langues prétendent qu'il ne s'intéressait pas qu'aux gicleurs des moteurs) n'arriveront

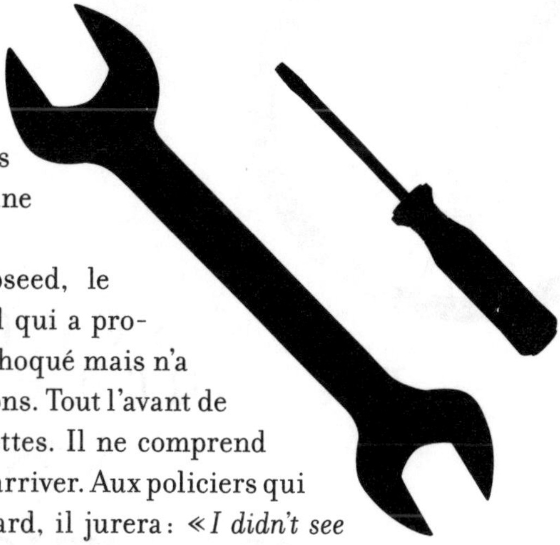

jamais à Salinas où ils devaient participer à une course automobile.

Donald Turnupseed, le conducteur de la Ford qui a provoqué l'accident, est choqué mais n'a que quelques contusions. Tout l'avant de sa bagnole est en miettes. Il ne comprend pas ce qui vient de lui arriver. Aux policiers qui l'interrogeront plus tard, il jurera : « *I didn't see him, by God, I really didn't see him*[3]. »

Rolf Wütherich mettra plus d'un an à récupérer de ses blessures physiques. Mais ses blessures psychologiques, elles, ne cicatriseront jamais. Miné par les rumeurs qui disent que c'est lui qui conduisait ce jour-là, harcelé par des milliers de fans qui l'accusent d'avoir tué leur idole, il tente d'abord de se faire oublier en quittant les États-Unis pour l'Allemagne, son pays natal, puis d'oublier tout court en s'enfonçant dans l'alcool et en cognant sur sa femme. Il se suicide le 22 juillet 1981, à l'âge de cinquante-trois ans, en jetant sa voiture, une Honda Civic, contre un mur. Il était seul. Et soûl. Cette fois-ci, les pompiers mettront près d'une heure pour le désincarcérer.

---

3 « Je ne l'ai pas vu, je jure devant Dieu que je ne l'ai pas vu. » Voir le site (en anglais) : http://www.findadeath.com/Deceased/t/turnupseed/thedonald.htm.

L'escargot du Tour de France

ARSÈNE MILLOCHEAU, cycliste

Deux mille quatre cent vingt-huit kilomètres. Six étapes gargantuesques : Montgeron-Lyon ; Lyon-Marseille ; Marseille-Toulouse ; Toulouse-Bordeaux ; Bordeaux-Nantes ; Nantes-Paris[4]. vingt mille francs de primes à se partager. Soixante-dix-neuf coureurs au départ. Vingt et un, seulement, à l'arrivée.

Lorsque Maurice Garin, après dix-huit jours de course, franchit en vainqueur la ligne d'arrivée du premier Tour de France, le 18 juillet 1903, Arsène Millocheau, le dernier du classement général, lui, se promène toujours dans la nature.

Personne ne sait exactement où il est. Il finira par arriver 10 heures, 11 minutes et 5 secondes plus tard. Il expliquera qu'il s'était perdu. Apparemment, ce n'était pas la première fois. Sur l'ensemble de la course, il accuse un retard de 64 heures, 57 minutes et 8 secondes. Il vient de faire le tour de la France à la vitesse moyenne et extravagante de 15,72 kilomètres à l'heure. Aucun coureur du Tour de France n'est, depuis, allé moins vite que lui.

4 Respectivement : 467 km, 374 km, 423 km, 268 km, 425 km et 471 km.

VOL AU-DESSUS DU MUR DE BERLIN

HANS CONRAD SCHUMANN, garde-frontière

L'image a fait le tour du monde : un soldat est-allemand qui écarte la bretelle de son fusil saute par-dessus un enchevêtrement de fils de fer barbelés sous les regards médusés d'un petit groupe d'hommes et de femmes situé à l'arrière-plan. Nous sommes le 15 août 1961, à Berlin, au coin de Ruppiner Strasse et Bernauer Strasse, au troisième jour de la construction du mur. Le jeune garde-frontière Hans Conrad Schumann, dix-neuf ans, vient de rejoindre le monde libre sous l'œil interloqué du

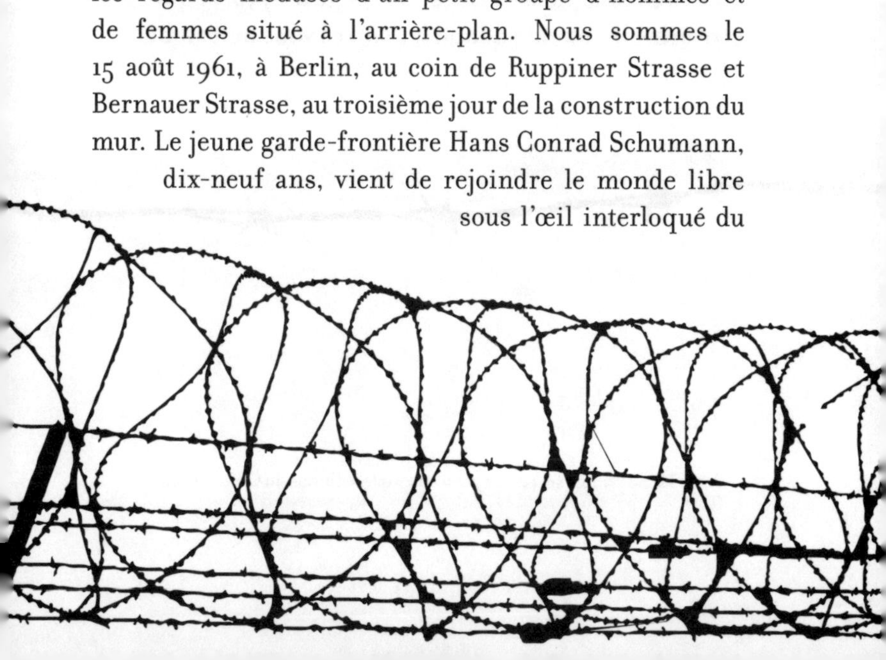

photographe Peter Leibing. Il laisse tout derrière lui : son petit village de Leutewitz, ses parents, ses amis, une fiancée peut-être. « J'étais dans un état d'extrême nervosité, expliquera-t-il plus tard. Je n'arrivais pas à me décider à sauter car j'avais peur de m'accrocher aux barbelés et d'être abattu par mes collègues. Jusqu'à ce que j'aperçoive un fourgon de police toutes portes ouvertes. Ça m'a donné du courage au ventre, j'ai foncé sur le fourgon[5]. » Entre 1961 et 1989, deux mille cinq cents gardes-frontières lui emboîteront le pas avec, il faut le dire, moins de facilité.

Conrad Schumann retrouvera les siens vingt-huit ans plus tard, après la chute du mur. Aucun photographe ne sera là pour immortaliser l'instant. Chez lui, personne ne l'a oublié ; personne, non plus, ne lui a pardonné son geste. Le héros des uns est devenu le traître des autres.

Affligé, désabusé, celui qui se disait « fier d'être entré dans l'histoire en incarnant la liberté[6] » se pend dans son verger, près d'Ingolstadt, une petite ville située en ex-Allemagne de l'Ouest, le 20 juin 1998. À quoi bon être aimé du monde quand les vôtres vous détestent ?

5 Robin Marie-Monique, *Les 100 photos du siècle*, éditions du Chêne, 1999.
6 *Ibid.*

Des fleurs pour le soldat inconnu

AUGUSTE THIN, commis-épicier

Avec son petit bouquet d'œillets blancs et rouges à la main, engoncé dans un uniforme tout neuf qui le boudine un peu, le soldat du 132e RI, Auguste Thin, n'en mène pas large. Et dire qu'il ne devrait même pas être là, dans cette galerie souterraine de la citadelle de Verdun… Mais celui qui était prévu, un Martiniquais de Fort-de-France, est tombé malade quelques heures avant la cérémonie. Pourquoi l'a-t-on choisi, lui ? se demande-t-il. Est-il plus méritant qu'un autre ? Tout le monde le regarde. Il faut qu'il se décide. Le pas raidi par l'émotion, il fait rapidement un premier tour des huit cercueils sur lesquels ne figure aucun nom. Lequel choisir ? Lequel ? Soudain, c'est l'illumination. Il appartient au 6e corps ; s'il additionne les chiffres de son régiment, ça donne six aussi ! Voilà. C'est aussi simple que ça. Au deuxième tour, Auguste Thin dépose son bouquet sur le sixième cercueil qu'il rencontre.

« Il était toujours prêt pour ce qu'on lui demandait de faire, dira plus tard sa belle-sœur Janine. C'était un homme de bonne volonté[7]. » Ce 10 novembre 1920, Auguste Thin, ce brave petit soldat dont personne ne se souvient, vient de faire rentrer dans l'Histoire un soldat inconnu que personne n'a oublié.

7 Voir le site : http://france3-regions.francetvinfo.fr/basse-normandie/info/il-a-designe-le-soldat-inconnu-71220051.html.

La promesse de Christophe Colomb

RODRIGO DE TRIANA, marin (1)

D'aucuns le disent né à Séville, d'autres à Coria del Rio, d'autres encore à Lepe. Certains le disent juif, d'autres musulman, d'autres chrétien. Tous, en revanche, s'accordent à dire que c'est lui qui, à la proue de la *Pinta*, fut, au milieu de la nuit du 12 octobre 1492, le premier à apercevoir le Nouveau Monde. Grâce à cette découverte, il venait de gagner la prime de plusieurs milliers de maravédis que Christophe Colomb avait promise, la veille, à qui découvrirait la terre en premier.

LES MENSONGES DE CHRISTOPHE COLOMB

RODRIGO DE TRIANA, marin (2)

En apprenant
que le marin de la *Pinta* avait
hurlé « *Tierra ! Tierra !* », Christophe
Colomb a surgi sur le pont de la *Santa
María* comme un diable d'une boîte. Ses yeux
sont encore barbouillés de sommeil mais cela ne
l'empêche pas de prétendre aussitôt, sans vergogne
ni peur du ridicule, que c'est lui qui l'a vue en premier.
À ceux qui le regardent en fronçant les sourcils, il
explique que, de toute façon, il avait déjà aperçu
une lueur sur les coups des dix heures du soir, mais
qu'elle avait été si furtive qu'il n'avait pas voulu
affirmer que c'était la terre[8]. À quoi bon discuter ?
Le capitaine a toujours raison. Rodrigo de
Triana n'empochera jamais la prime.

8 *Journal de bord du premier voyage de C. Colomb*, B. N. de Madrid, copie de Fr. Bartolomé de Las Casas, *in* Christophe Colomb, *Œuvres complètes*, La Différence, 1992.

Jeanne d'Arc ressuscitée

GUILLAUME DE MENDE, berger

Lorsque le petit roi d'Angleterre, Henri VI, dix ans, entre dans Paris par la porte Saint-Denis pour aller se faire sacrer roi de France à Notre-Dame, le 16 décembre 1431, la foule est au rendez-vous. Il faut dire que le spectacle que l'occupant anglais a mitonné aux Parisiens est grandiose. Non content de leur donner à voir le souverain, suivi de toute sa cour, passer sous « un grand dais d'azur, semé de fleurs de lys d'or[9] », il a en effet, et selon l'usage, organisé de nombreux spectacles sur le parcours qui mène à la cathédrale : sauvages qui s'ébattent dans un petit bois en jouant avec des écus, innombrables fontaines de vin et de lait auxquelles buvait qui voulait et qui pouvait, sirènes barbotant dans des fontaines couvertes de pétales de roses, peintures pieuses tendues sur des échafaudages, comme cette immense fresque qui, s'étendant de la Trinité jusqu'à la

9 De Gaulle M.-J., *Nouvelle Histoire de Paris*, Pourrat frères éditeur, 1839.

rue Darnétal, représente le mystère de la Conception de Notre-Dame jusqu'à la fuite en Égypte.

Mais au milieu de cette débauche d'images, de sons et de couleurs, un petit détail retient l'attention. Qui est donc le jeune garçon lié et garrotté que le roi entraîne derrière lui tel, autrefois, Vercingétorix derrière César ? Réponse : Guillaume de Mende, un jeune berger qui, lorsqu'il avait appris que Jeanne d'Arc avait été capturée à Compiègne, en mai 1430, s'était aussitôt mis en tête de reprendre son rôle pour maintenir le moral des troupes royales françaises.

Capturé dans une escarmouche près de Beauvais, le 12 août 1431, à la tête d'une poignée d'anciens compagnons de Jeanne, les Anglais n'ont pas tardé à découvrir que la Pucelle était un puceau et l'ont laissé s'interroger en prison, durant quatre mois, sur l'origine miraculeuse de ses testicules avant de le convier au sacre.

Après l'avoir traîné jusqu'à la cathédrale Notre-Dame comme un chien au bout de sa laisse, les Anglais ne prirent même pas la peine de lui construire un bûcher. Ils l'enfermèrent dans un sac et le noyèrent dans la Seine. Maigre consolation pour Guillaume : c'est dans ce même fleuve, un peu en aval, que, quelques mois plus tôt, le bourreau Geoffroy Thérage était allé jeter les cendres encore fumantes de Jeanne.

À un POIL(u) près

AUGUSTIN TRÉBUCHON, berger

Il pose seul, en uniforme, tête nue, sanglé dans une veste à gros boutons et aux épaulettes pendant comme deux grosses serpillières à franges. Dans sa main gauche, une cigarette ; dans la droite, une paire de gants blancs immaculés. A-t-il jamais porté un si beau costume ? Il regarde fièrement devant lui, un peu au loin, les lèvres serrées, comme s'il était conscient et convaincu de la tâche qu'il devait accomplir. La photo a été prise le 4 août

1914. Dans quelques jours, le petit berger communal du Malzieu-Forain âgé de trente-six ans va, pour la première fois de sa vie, quitter sa Lozère natale.

En quatre ans de conflit, cet aîné d'une fratrie de six enfants va voir du pays et survivre à tous les massacres : la Marne, Verdun, l'Artois, la Somme…

Mais le 11 novembre 1918, dans les Ardennes, à 10 h 45 du matin, soit quinze minutes avant le cessez-le-feu final, il est abattu d'une balle dans la tête par un Allemand, alors qu'il portait un message à son capitaine : « Rassemblement à 11 h 30 pour le ravitaillement. » Il est le dernier des un million six cent quatre-vingt-dix-sept mille poilus morts pour la France. Douglas Kennedy a raison :

« LE DESTIN N'EST PAS CRUEL. IL EST CON[10]. »

10 KENNEDY Douglas, *Cul-de-sac*, Gallimard, coll. « Série noire », 1997.

Un pas derrière Davy Crockett

LOUIS ROSE, boucher

FÉVRIER 1836. Derrière les murailles de Fort Alamo, un bastion planté au cœur de l'État mexicain du Texas, cent quatre-vingt-sept colons américains font face à mille cinq cents Mexicains armés jusqu'aux dents, bien décidés à chasser ces fichus *gringos* de leur terre. William Travis, vingt-six ans, le commandant des insurgés, sait qu'ils n'ont aucune chance de s'en sortir. Se tournant vers ses hommes, des gamins pour la plupart, il trace une ligne au sol avec la pointe de son sabre et ordonne à ceux qui acceptent de se battre de passer cette ligne.

Tous, sans plus attendre, Davy Crockett en tête, franchissent d'un seul pas la frontière symbolique de la mort. Tous... sauf un. Le Français Louis Rose, dit Moïse, venu rejoindre les rebelles quelques semaines plus tôt, n'a pas bougé. À cinquante et un ans, ce vétéran de la Grande Armée napoléonienne, qui a miraculeusement survécu aux campagnes d'Italie, du Portugal, d'Espagne et de Russie, vient de se rendre compte que la chance est sur le point de tourner et qu'il ne tient pas spécialement à mourir au Texas où il était venu refaire sa vie, vers 1827.

Après avoir pris la poudre d'escampette – à défaut de la poudre à canon –, Rose s'installe à Nacogdoches (Texas) où il ouvre une boucherie, puis à Logansport, en Louisiane, où il meurt, en 1851, à l'âge de soixante-six ans, sans laisser de descendance. Pour les Américains, les fils spirituels de ce traître de *Frenchie* – dont le musée d'Alamo conserve, aujourd'hui encore, le revolver flambant neuf – furent nombreux. Le dernier en date : Jacques Chirac qui, en 2002, refusa de franchir la ligne que le Texan George Bush Jr avait tracée au beau milieu de la salle des Nations Unies avant de s'en aller combattre Saddam Hussein, lequel, avec sa grosse moustache, faisait, il est vrai, beaucoup penser à un Mexicain.

Deux casseurs et une caisse à la casse (1)

JESSE WARREN, couvreur, et sa femme RUTH, sans emploi

Jesse Warren est l'homme le plus heureux du monde. En cette mi-mars 1934, ce couvreur de Topeka, dans le Kansas, vient de s'acheter un petit bijou : le dernier modèle Ford, une DeLuxe Fordor Sedan. Quelle bagnole ! Cette berline cinq places à moteur V8 développe 65 chevaux à 3 400 tours par minute et passe de 0 à 100 kilomètres à l'heure en à peine vingt secondes. Quant aux finitions, c'est la classe : carrosserie couleur gris clair, housses de sièges aux motifs fantaisie, butoirs, couvercle en métal sur le pneu de secours, bouchon de radiateur chromé en forme de lévrier bondissant. « Ça, c'est les voisins qui vont en faire une tête ! » a dû penser Warren en sortant de chez son concessionnaire. Et quand, en plus, il leur dira qu'au lieu de la payer 785,92 dollars il l'a eue pour 582,92 dollars, leur figure risque bien de s'allonger encore un peu plus…

Durant près d'un mois et demi, Jesse Warren et sa femme Ruth vont parader dans leur quartier en veillant bien, période de rodage oblige, à ne jamais dépasser les 80 kilomètres à l'heure. Mais le dimanche 29 avril 1934, en début d'après-midi, catastrophe ! La merveille disparaît. C'est la faute de Ruth : cette tête en l'air a laissé les clés sur le contact après être allée faire des courses…

Trois semaines plus tard, les Warren sont toujours sans nouvelles de leur automobile. Enfin, le 23 mai, le téléphone sonne. On a retrouvé la Ford en Louisiane. Pas de chance : c'étaient les dangereux gangsters Bonnie Parker et Clyde Barrow qui étaient au volant. Les policiers ont dû sortir l'artillerie lourde pour les mettre hors d'état de nuire. Résultat : la voiture est foutue. Les portes sont criblées de balles de pistolets-mitrailleurs et de fusils à pompe, les pneus crevés, les vitres brisées ; le moteur et le tableau de bord ont explosé, le volant et les fauteuils sont déchiquetés et tout l'habitacle est repeint en rouge sang.

Si, lorsqu'on la lui rendit, Jesse ne sut pas quoi faire de sa jolie voiture transformée en passoire, sa femme, elle, fit preuve de plus d'imagination : elle la loua pour 200 dollars par mois à un certain Charles Stanley, membre de l'Organisation nationale anticriminalité, qui l'exhiba avec succès dans plusieurs foires du pays. En 1940, Ruth finit par lui vendre l'épave – dont elle avait obtenu la garde après son divorce d'avec Jessie – pour 3 500 dollars[11].

11 La voiture est aujourd'hui exposée dans un casino de Las Vegas (Nevada), le *Whiskey Pete's Hotel and Casino*.

Deux casseurs et une caisse à la casse (2)

PATRICK SANFOURCHE, directeur commercial

Patrick Sanfourche est l'homme le plus heureux du monde. En ce mois de mars 1979, ce directeur commercial de la concession BMW de Clichy-la-Garenne (boulevard Jean Jaurès) vient de recevoir le tout dernier modèle fabriqué par la firme allemande : une Série 5 E12 528i à boîte manuelle quatre rapports. Quelle bagnole ! Cette berline cinq places à moteur six cylindres en ligne développe 184 chevaux à 5 800 tours par minute et passe de 0 à 100 kilomètres à l'heure en un peu moins de dix secondes. Quant aux finitions, c'est la classe : peinture marron métallisée, sièges en velours beige, phares antibrouillard, pare-chocs chromés… « Ça, c'est les clients qui vont en faire une tête ! » a dû penser Sanfourche.

Durant plusieurs mois, histoire d'appâter le chaland, Sanfourche va parader dans les rues de Clichy au volant de son bijou douze soupapes. Il en est même tellement content qu'il l'emmène passer l'été avec lui, sa femme et ses enfants, à Quiberon, en Bretagne.

Enfin, un jour de septembre, un couple se présente à la concession : le modèle lui plaît. L'homme, un certain Jacques Vettois, journaliste de profession, cherche une voiture fiable et confortable pour le conduire, lui et sa femme, sur les routes ensoleillées de sa prochaine retraite. Affaire conclue. Pour la somme rondelette de 100 667 francs, payés cash, la voiture change de main. Et pour 15 666 autres francs, on fera installer, à la demande du nouveau propriétaire, des jantes Motorsport de quatorze pouces, un autoradio et la climatisation.

Quelques mois plus tard, le 2 novembre 1979, Patrick Sanfourche sera l'homme le plus surpris du monde en voyant sa belle Béhème passer au journal de 20 heures : en guise de retraités, c'étaient le très actif Jacques Mesrine et sa non moins entreprenante compagne Sylvia Jeanjacquot qui lui avaient acheté la bagnole. Les flics de l'antigang qui attendaient les gangsters, porte de Clignancourt, ne leur ont laissé aucune chance. Mesrine a reçu dix-huit balles dans le buffet ; Sylvia Jeanjacquot est grièvement blessée ; Fripouille, le petit caniche abricot qui les accompagnait, a été transformé en chair à pâté. Quant à la voiture, les poulets français ont été un peu plus précis que les flics de Louisiane avec la Ford de Bonnie et

Clyde, quarante-cinq ans plus tôt : seuls le pare-brise et une partie du toit sont criblés de balles. Le reste est impeccable. En revanche, l'intérieur de l'habitacle est, lui aussi, entièrement repeint en rouge sang.

Durant près de vingt-sept ans, pour les besoins de l'instruction, la Béhème ensanglantée dormira à la casse de Bonneuil-sur-Marne, dans le Val-de-Marne.

Enfin, le 14 mai 2007, comme l'enquête était enfin bouclée et que personne ne s'en vint réclamer l'épave, elle fut conduite à la casse d'Athis-Mons, dans l'Essonne, où elle fut aplatie comme une crêpe avant d'être recyclée en fer à béton.

Lorsqu'on demanda à l'avocate de la famille Mesrine pourquoi personne n'avait voulu de la voiture, elle confessa : « On n'y a pas pensé[12]. »

DOMMAGE...

12 Voir le site : https://lemondeautomobile.wordpress.com/tag/casse-automobile/page/12/.

La vigie du *Titanic*

FREDERICK FLEET, marin

Il a d'abord cru qu'il s'agissait d'un navire. Mais comment aurait-il pu être sûr de quoi que ce soit par cette nuit sans lune, et surtout sans jumelles ? Il faudra de longues secondes au guetteur Frederick Fleet, vingt-cinq ans, perché dans le nid-de-pie du *Titanic*, pour se rendre compte que ce qu'il prenait pour un bateau était, en fait, un iceberg. « À première vue, il n'avait pas l'air très important, de la taille de deux tables posées côte à côte, se rappellera la jeune vigie devant la commission d'enquête américaine, mais il est devenu de plus en plus gros au fur et à mesure que nous nous en approchions[13]. » Tu parles ! Trente mètres de haut, cent mètres de large, des milliers de mètres cubes de glace, une forme qui fait penser au rocher de Gibraltar…

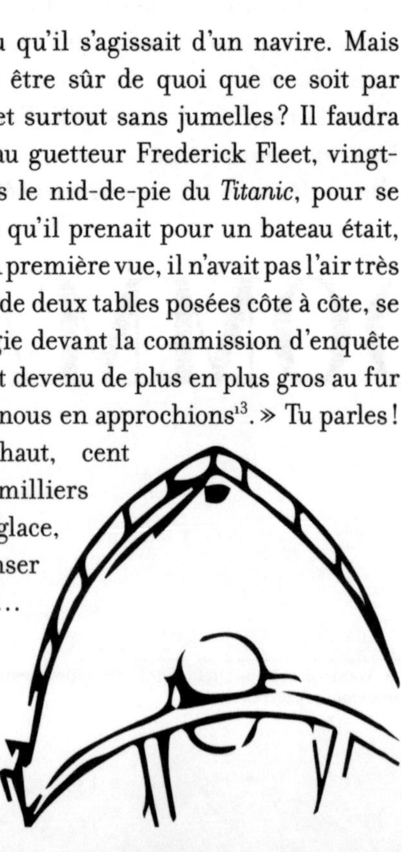

Fleet sonne aussitôt trois coups de cloche et téléphone à la passerelle. « Iceberg droit devant ! » Trop tard. Trente-sept secondes après l'alerte et malgré un coup de barre désespéré sur bâbord, le fleuron de la *White Star Line* lancé à 22 nœuds (plus de 40 kilomètres à l'heure !) heurte l'énorme glaçon sur tribord avant. On connaît la suite : la voie d'eau, le bateau qui s'immobilise puis s'enfonce lentement dans l'eau noire et glacée, les femmes et les enfants d'abord, l'orchestre qui joue jusqu'au bout, les lumières qui s'éteignent comme une guirlande après la fête… Fleet ne verra pas le *Titanic* sombrer. Affecté aux avirons du canot numéro 6 qui emportait une trentaine de personnes, il ramait de toutes ses forces pour se mettre à l'abri des remous.

D'aucuns, aujourd'hui encore, laissent entendre que, s'il avait aperçu l'iceberg seulement cinq secondes plus tôt, la collision aurait pu être évitée.

Durant les cinquante-trois années qu'il vécut encore, Fleet connut une existence misérable, bourlinguant un temps pour la concurrence, surveillant des entrepôts, avant de finir par vendre des journaux dans les rues de Southampton pour mettre un peu de beurre dans les épinards desséchés de sa retraite. Lorsqu'il se pendit dans un jardin avec une corde à linge, le 10 janvier 1965, à l'âge de soixante-dix-sept ans, quelques esprits romantiques voulurent croire qu'il n'avait jamais réussi à se défaire d'un horrible sentiment de culpabilité. En réalité, Fleet avait, ce jour-là, d'autres soucis en tête : il venait, après la mort de sa femme, d'être foutu dehors de chez son beau-frère qui les hébergeait et, sans argent, ne savait plus où aller. C'est la municipalité de Southampton qui se chargea de lui offrir sa dernière demeure : la fosse commune.

13 Voir le site (en anglais) : http://www.titanicinquiry.org. Fleet témoigna devant la commission les 23 et 24 avril 1912.

Des goûts royaux

CATHERINE-HENRIETTE BELLIER, dite « Cateau la Borgnesse », première femme de chambre

Pour laide, borgne, bossue et avare qu'elle fût, Catherine-Henriette Bellier, dame de compagnie et première femme de chambre de la reine Anne d'Autriche à qui elle administrait force lavements, eut, contre toute attente, et jusqu'à sa mort en 1689, à l'âge de soixante-quinze ans, un nombre considérable d'amants. Le plus célèbre d'entre eux : Louis XIV qu'elle fut, à quarante ans, chargée de déniaiser sur ordre de la reine mère alors qu'il avait à peine seize ans et qu'il tardait à montrer de l'appétit pour le sexe opposé. Apparemment, le jeune roi y prit goût puisque, selon certaines indiscrétions (dont celles de M. de Saint-Simon qui, durant le règne de son maître, prit toujours plaisir à se cacher derrière les tentures), il poussa à plusieurs reprises la porte de sa repoussante maîtresse. Elle reçut, pour ce royal dépucelage, une pension de 2 000 livres ainsi qu'un beau terrain dans le Marais, un quartier de Paris, sur lequel elle fit ériger un véritable palace, l'hôtel de Beauvais. Quant à son mari, Pierre de Beauvais, un marchand de rubans, on le remercia d'avoir prêté sa femme en lui offrant d'un même coup le titre de baron et de cocu.

La ménagerie des Montgolfier

MONTAUCIEL, mouton

Le 19 septembre 1783, la machine aérostatique des frères Montgolfier, *Le Martial*, un ballon grand comme une maison de six étages, s'élève pompeusement dans le ciel de Versailles devant les yeux ébahis du roi, de la reine et de leurs sujets venus en nombre assister au spectacle. Il emporte avec lui, enfermés dans une cage d'osier suspendue au bout d'une longue corde, trois passagers : un coq, un canard et un mouton à la toison couleur de nuage qui, s'ils reviennent vivants, prouveront qu'il est possible de respirer à haute altitude.

Après être montés à près de 480 mètres et être restés un instant stationnaires, nos trois aéronautes, poussés par un petit vent du sud, s'en vont se promener du côté de la forêt de Vaucresson où ils finissent par s'écraser, au lieu-dit le Carrefour-Maréchal, devant deux gardes-chasses médusés. Durant l'atterrissage, la cage est venue buter contre une grosse meule de bois et s'est disloquée. Le canard et le coq en sont tout étourdis.

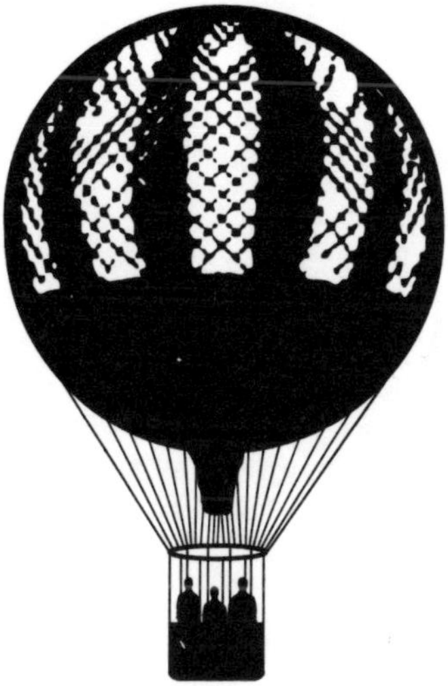

Quant à notre bon mouton, il s'est, lui, déjà remis sur ses pattes pour s'en aller brouter de l'herbe.

Si le public versaillais salue comme il se doit le retour des trois héros, Marie-Antoinette, elle, se prend d'une véritable passion pour le flegmatique ovidé aux yeux et au pelage si doux. Elle l'affuble du nom subtil de Montauciel et le fait transporter à la bergerie du Petit Trianon dans un panier tapissé de soie rose. C'est là qu'il mourra, à un âge avancé, la toison toute tressée de rubans multicolores, gavé par sa maîtresse de guimauve et de sucre candi.

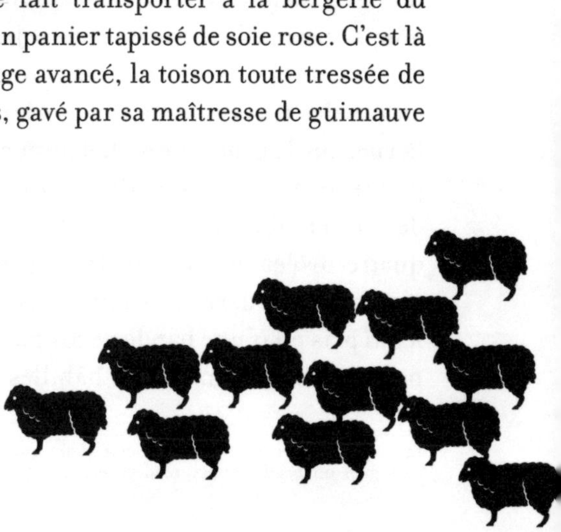

Le badaud d'Abbey Road

PAUL COLE,
vendeur

Ce 9 août 1969 au matin, Paul Cole, cinquante-sept ans, citoyen américain en visite à Londres, n'a aucune envie d'accompagner sa femme au musée. Il décide de l'attendre en allant faire quelques pas sous le soleil. Non loin de lui, un flic glande dans un fourgon noir garé sous un arbre. Cole s'approche et, pour passer le temps, entame la conversation : « Je lui parlais de tout et de rien, de la ville de Londres et du contrôle de la circulation, des trucs comme ça[14]. » Mais voilà qu'au bout de la rue, sur la gauche, un photographe se pointe soudain, plante un escabeau au milieu d'un passage clouté, monte dessus et, durant une dizaine de minutes, mitraille quatre drôles de zigs qui traversent la rue à plusieurs reprises, l'un derrière l'autre, comme des canards. « Je les ai pris pour une bande de dingues, se rappellera Cole, parce qu'ils étaient plutôt habillés n'importe comment

14. Voir le site (en anglais) : http://www.tcpalm.com/entertainment/3ogtpaul-cole-man-on-beatles-abbey-road-cover.

pour l'époque[15]. » Il y en a même un qui se balade pieds nus ! Pas à dire : ils sont vraiment cintrés, ces Anglais.

Ce n'est que quelques mois plus tard, une fois rentré au pays, que Cole découvrira qu'il figure sur la pochette d'*Abbey Road*, le dernier disque des Beatles[16]. On le voit nettement en arrière-plan, sur le côté droit, mains sur les hanches et lunettes sur le nez, juste à côté de la voiture de police.

L'album se vendra à près de 30 millions d'exemplaires. La photographie de Iain MacMillan sera reproduite des centaines de milliers de fois sur des tee-shirts, des mugs, des serviettes, des sacs, des livres... Comme quoi on peut refuser d'entrer dans un musée et se retrouver tout de même au Panthéon.

---

15 *Ibid.*
16 Le disque parut aux États-Unis le 1er octobre 1969.

La fausse morte de Flaubert

DELPHINE DELAMARE, femme au foyer

Le 6 mars 1848, Delphine Delamare, vingt-six ans, une jolie brune aux yeux troublants, se suicide en avalant de l'arsenic. Elle n'en pouvait plus de sa vie sans relief au village de Ry en Seine-Maritime, de son officier de santé de mari, lourdaud et apathique, de ses amants qui lui promettaient des voyages qui ne dépassaient jamais les frontières d'un lit, des relances des banquiers auprès desquels elle avait contracté des dettes. On l'enterra (non sans mal dans une fosse trop petite) au cimetière de Ry qui jouxtait l'église et l'on grava sur sa tombe, en dessous de son nom : « Priez Dieu pour le repos de son âme. » Flaubert la ressuscita quelques années plus tard, en 1856, toujours aussi malheureuse, sous le nom d'Emma Bovary.

*

Belle histoire, n'est-ce pas ? Dommage qu'il ne s'agisse que d'une légende que l'on colporte de génération en génération depuis que l'écrivain et journaliste rouennais Georges Dubosc, s'appuyant sur les mémoires tardifs et approximatifs de Maxime du Camp, un ami de Flaubert, fut le premier à la raconter dans le *Journal de Rouen*, en 1890[17].

Delphine fut ainsi considérée comme le pygmalion d'Emma jusqu'à ce que, au milieu des années 1950, René Herval, président de la Société des écrivains normands, s'intéresse à l'histoire et ne vienne, preuves à l'appui, sérieusement écorner le mythe. Il ne remettait pas en cause le fait que Flaubert avait entendu parler d'elle. Il avait toutefois découvert que la jeune femme, si elle avait été très malheureuse, ne s'était probablement jamais suicidée (sinon comment aurait-elle pu être inhumée en terre consacrée ?), que sa tombe n'avait jamais été trop étroite, que le village de Ry n'avait qu'un lointain rapport avec le Yonville-l'Abbaye du roman, mais

17 Dubosc Georges, « La Véritable "Madame Bovary" », in *Journal de Rouen* du 22 novembre 1890.

aussi, et peut-être surtout, que Flaubert avait eu l'idée de son personnage bien avant la mort de son soi-disant modèle[18]. Cela n'y changea rien. On continua à penser que Mme Bovary, c'était elle.

Plus proche de nous, d'autres chercheurs[19] sont venus ajouter leur grain de sel, affirmant que plusieurs femmes avaient servi de modèle à Flaubert : Mme Loursel, une Rouennaise empoisonnée par son mari épris d'une certaine Esther de Bovery, en 1844, mais aussi Marie Lafarge, une Corrézienne soupçonnée, en 1840, d'avoir empoisonné son mari, ou encore Louise Pradier, une Parisienne dont Flaubert n'ignorait rien des aventures amoureuses et des déboires financiers[20].

Encore une fois, ces révélations furent vaines. Au grand soulagement, il faut bien le dire, de la petite commune de Ry qui, chérissant le mythe, vient de voter la réalisation d'un projet de parcours touristique numérique, « Sur les pas d'Emma Bovary », pour la somme de 20 985 euros.

---

18 En 1837, à l'âge de 16 ans, Flaubert avait en effet écrit un texte d'une trentaine de pages intitulé *Passion et Vertu* dans lequel, *dixit* Herval, « *Madame Bovary* se trouvait déjà presque en entier ». Cf. Herval René, *Madame Bovary n'est pas Madame Delamare*, Les Amis de Flaubert, Bulletin numéro 5, 1954. Durant sa vie, Flaubert lui-même répéta à l'envi que « *Madame Bovary* [était] une pure invention » et que « tous les personnages de ce livre [étaient] complètement imaginés ».

19 À commencer par Claudine Gothot-Mersch dans son livre *La Genèse de Madame Bovary*, éditions Slatkine Reprints, 1980.

20 Et pour cause, puisqu'il était l'ami de son mari.

PROTO-TINTIN

TOTOR,
boy-scout

Il est arrivé d'Anvers en Amérique – où l'attendent son oncle et sa tante Pad et Save Hatt, deux gros fermiers du Texas – en 1926, à bord d'un sous-marin de l'US Navy en forme de suppositoire. Durant tout son séjour au Nouveau Monde, notre petit boy-scout ne changera jamais de tenue : chemise à manches courtes (avec deux poches sur le devant), foulard autour du cou, short et grosses chaussettes roulées sur les mollets. Pourtant, vu le nombre et la nature de ses aventures, ça n'aurait pas été du luxe. Qu'on en juge : à peine arrivé à New York, une voiture le renverse ; deux jours plus tard, alors qu'il vient à peine de s'installer chez son oncle et sa tante, à « Rolmopcity », de « naïfs Peaux-Rouges » belliqueux comme pas deux s'emparent de lui et l'attachent, « tremblant comme de la gélatine », à un poteau de torture. Il s'échappe, plonge dans une rivière, trouve un trésor, est recueilli par un « paisible colon », se bat contre un Mexicain et un métis qui transforment ses vêtements

« en une dentelle originale », se lance, « sous un soleil favorable à l'éclosion des œufs de canard », à la recherche de sa tante enlevée par un certain Blackcat, se fait piquer son trésor en route, escalade une montagne, retrouve son trésor, écrase au passage la tête d'un Indien avec une grosse pierre, tire dans la figure d'un autre, saute sur le dos d'un mustang fougueux, arrive juste à temps pour sauver sa tante et rentre à Anvers raconter ses palpitantes aventures à ses amis dans son joli uniforme qui s'est miraculeusement lavé et reprisé tout seul.

En revenant, quelques années plus tard, sur la toute première aventure qu'il a jamais dessinée, Hergé dira : « Ce n'était pas encore de la véritable bande dessinée : il s'agissait d'une histoire écrite et illustrée avec, de temps en temps, un timide point d'exclamation ou d'interrogation. (...) Cela n'avait ni queue ni tête – il n'y avait pas l'ombre d'un scénario[21]. » On ne saurait mieux dire.

21 Sadoul Numa, *Entretiens avec Hergé*, Casterman, 1989.

LE DÉTRAQUÉ DE LONDRES

ROBERT HUBERT, horloger

On raconte qu'au début de l'incendie qui se déclara chez un boulanger du nom de Farynor (ça ne s'invente pas), Thomas Bloodworth, le lord-maire de Londres, eut ce mot : « Fi ! Une femme pourrait l'éteindre en pissant dessus[22]. » Comme aucune dame, semble-t-il, ne se présenta, le feu s'étendit aux maisons voisines qui, à leur tour, passèrent le flambeau à d'autres et à d'autres et à d'autres. L'incendie dura trois jours et trois nuits. Au matin du 5 septembre 1666, Londres – qui comptait alors plus d'un million d'habitants – n'est plus qu'un immense champ de ruines et de poutres calcinées : treize mille deux cents maisons et quatre-vingt-sept églises paroissiales sont détruites. Côté humain : dix morts recensés par la police de l'époque ; sans doute plusieurs milliers selon

22 « *A woman might piss it out.* » *History. London's Burning: The Great Fire*, sur le site Internet de la BBC.

les historiens d'aujourd'hui. Entre soixante-dix mille et quatre-vingt mille sans-abri.

Lorsqu'il arriva à Londres deux jours après le début de la catastrophe, Robert Hubert, un horloger français de vingt-six ans, dont les rouages de ses pendules marchaient sans doute beaucoup mieux que ceux de sa cervelle, tenta de s'en attribuer l'origine. Il prétendit d'abord avoir allumé un feu à Westminster. Mais comme on lui fit remarquer que ce quartier n'avait pas été touché par les flammes, il changea sa version, affirmant qu'il avait jeté deux bombes incendiaires à travers la fenêtre de la boulangerie. Lorsqu'on lui précisa que la boulangerie n'avait pas de fenêtres, il expliqua alors qu'il avait saboté les robinets d'eau et qu'il était un espion français et un agent du pape.

Il fit tant et si bien qu'on finit par croire, non qu'il était l'incendiaire, mais qu'il était habité par le diable. Et comme, de toute façon, on avait besoin d'un bouc émissaire pour calmer la foule des Londoniens en colère, on lui fit un procès expéditif au terme duquel, le 28 septembre, il fut pendu. Les véritables criminels furent démasqués l'année suivante. Ils étaient trois : la main de Dieu, un grand vent et une saison très sèche.

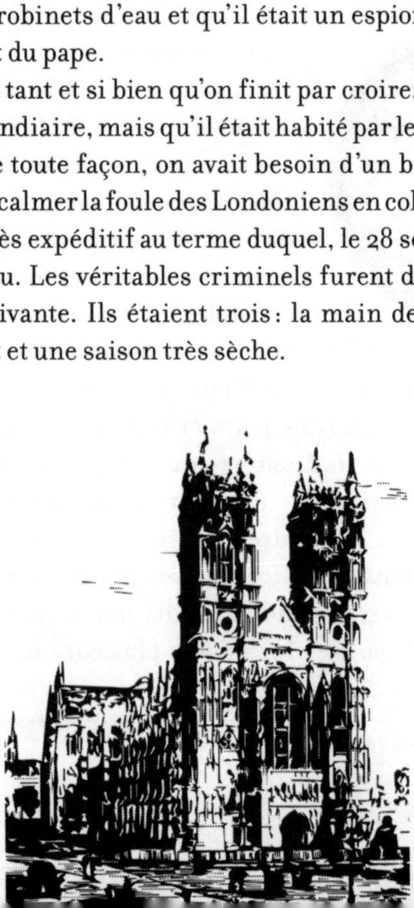

La mégère non apprivoisée

XANTHIPPE, femme de

Elle avait un caractère de cochon, une langue de vipère et une poigne de forgeron. Tout le monde la connaissait à Athènes ; la redoutait aussi. Régulièrement, des cris montaient de sa maison. Elle battait et injuriait son mari, un vieillard qui avait quarante ans de plus qu'elle et à qui elle avait donné trois enfants. On racontait même qu'un jour elle lui avait vidé un pot de chambre sur la tête. Le pauvre homme ne disait rien.

Lorsqu'on le croisait dans la rue (il aimait bien se promener), on lui demandait souvent : « Mais pourquoi diable l'as-tu épousée ? » Et Socrate répondait invariablement : « Pour m'exercer à la patience[23]. »

23 L'anecdote est rapportée par Plutarque dans ses *Œuvres morales*, t. 1 et 2, éditions Belles Lettres, 1989, au chapitre « Comment tirer profit de ses ennemis ».

AU CHEVET DE NAPOLÉON

FRANÇOIS ANTOMMARCHI, médecin

« Ignare », « fat », « sans honneur », « langage sans valeur », « manières grossières », « impudent carabin », « imbécile », « n'a apparemment jamais progressé dans la bonne société »... Le moins que l'on puisse dire, c'est que, durant son séjour à Sainte-Hélène, François Antommarchi, le médecin corse que la mère de Napoléon avait missionné pour qu'il prenne soin de son fils, ne fit pas vraiment l'unanimité auprès de la population locale. Entre nous, il y a de quoi.

Lorsqu'il arrive sur la petite île volcanique perdue au beau milieu de l'Atlantique Sud, après plus d'un an d'un pénible voyage, le 21 septembre 1819, cela fait presque quatre ans que Napoléon y croupit. La santé de Sa Majesté est déplorable. Le cancer qui le ronge depuis des années rend son teint cireux. Il souffre de terribles douleurs au côté droit, dans la région du foie ; son urine est foncée et nauséabonde.

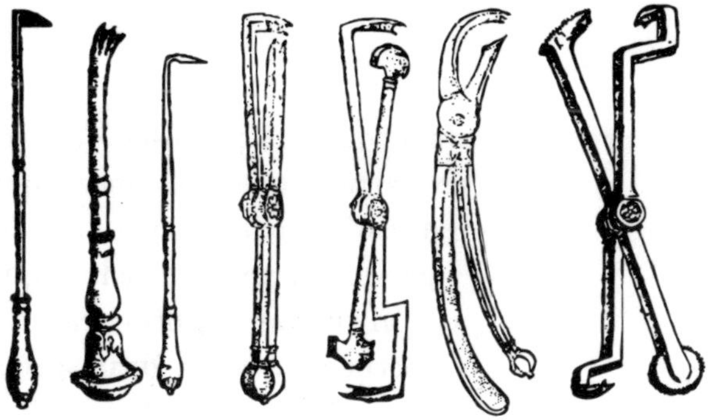

Mais Antommarchi tarde à mesurer la gravité de la maladie de l'Empereur. Persuadé que « l'auguste patient », comme il l'appelle, ne souffre que d'une simple maladie du foie, il se contente de lui prescrire un traitement à base de mercure[24], des bains chauds et de grands verres de limonade ou de vin de Porto, avant de s'en aller, l'esprit léger, se promener dans la campagne à dos de mule. « Quelqu'un a-t-il été plus mal soigné que moi par lui ? » se lamente l'Empereur qui n'en finit pas de vomir.

Deux ans après son arrivée, Antommarchi, qui connaît l'île par cœur, demande à rentrer en Europe. « Un imbécile de moins », se réjouit Napoléon que la fièvre ne lâche plus. Pourtant, Antommarchi reste (sans doute les charmes de la femme du maréchal Bertrand y sont-ils pour quelque chose). « Débarrassez-moi de cet homme-là qui est bête, supplie Napoléon entre deux crises de douleur. J'ai fait mon testament : je lui lègue 20 francs pour acheter une corde pour se pendre. » En vain. Antommarchi, joyeusement empêtré dans les jupons de sa maîtresse, ne part ni ne se pend.

Enfin, le 5 mai 1821, Napoléon trépasse. C'est en ouvrant son ventre, le 7, qu'Antommarchi découvrira que Napoléon ne s'amusait pas : « Ayant ouvert l'estomac

24 Le mercure était alors considéré comme un antidépresseur.

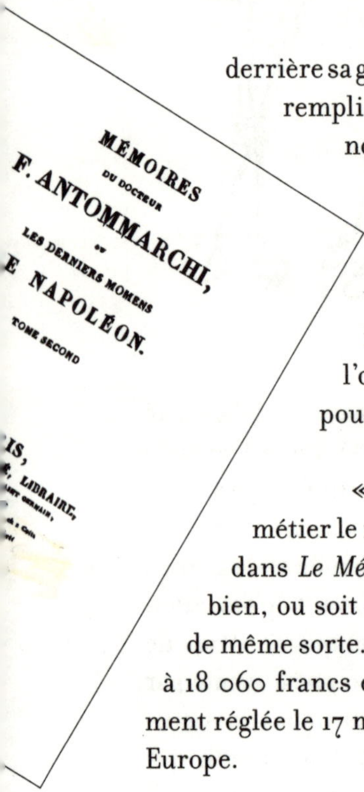
MÉMOIRES
DU DOCTEUR
F. ANTOMMARCHI,
OU
LES DERNIERS MOMENS
E NAPOLÉON.
TOME SECOND
IS,
, LIBRAIRE,

derrière sa grande courbure, j'ai observé qu'il était rempli en partie d'une substance liquide, noirâtre, d'une odeur piquante et désagréable ; ayant ôté ledit liquide, j'ai observé un ulcère cancéreux fort étendu, qui occupait spécialement la partie supérieure de la face interne de l'estomac, et s'étendait de l'orifice du cardia jusqu'à environ un pouce du pilorum[25]. »

« Je trouve que (la médecine) est le métier le meilleur de tous, s'amusait Sganarelle dans *Le Médecin malgré lui* ; car soit qu'on fasse bien, ou soit qu'on fasse mal, on est toujours payé de même sorte. » La note du Dr Antommarchi s'éleva à 18 060 francs et 32 centimes. Elle lui fut intégralement réglée le 17 mai 1821, dix jours avant son retour en Europe.

25 Ce texte (ainsi que toutes les citations de Napoléon) est extrait des *Récits de la captivité de l'Empereur Napoléon à Sainte-Hélène, par le général Montholon, compagnon de sa captivité et son premier exécuteur testamentaire*, t. 2, chez Paulin, 1847.

Le coiffeur de Marie-Antoinette

JEAN-FRANÇOIS AUTIER, dit Léonard, coiffeur

Ses perruques étaient tout aussi ridicules que les noms qu'il leur donnait : « poufs », « toquets en lubie », « valgalas », « la belle poule », « qu'es-aquò », « cléopâtre », « coiffure à l'inoculation ». C'étaient d'extravagants édifices de deux pieds de haut composés de matériaux plus hétéroclites les uns que les autres (choux, foulards, chemises, pommes, bateaux d'enfants, éponges...) que l'artiste faisait tenir en équilibre sur la tête de ses clientes avec force armatures de fils d'acier. Jamais de plan : « le Marquis », comme on l'appelait alors, travaillait à l'instinct. En 1785, les Parisiennes (qui en avaient les moyens) en étaient folles. Elles se pâmaient devant lui comme s'il se fut agi du roi. Après des heures de torture, elles s'en allaient, titubant le plus sérieusement du monde sous le poids de leur tour de Pise capillaire, se promener dans les rues et les salons parisiens.

Sa carrière toucha au sommet lorsque l'une de ses clientes, Mme de Matignon, se présenta devant la reine portant sur la tête un artichaut, une tête de brocoli, une carotte et quelques raves accommodés « à la jardinière ». Marie-Antoinette, plutôt que de s'esclaffer, admira. Et c'est ainsi que Léonard passa, en 1788, à l'âge de trente ans, du statut de coiffeur pour dames à celui, envié, de coiffeur pour reine.

Ce que cette malheureuse ne savait pas, c'est que cet homme qui s'occupait si bien de sa tête allait bientôt la lui faire perdre. Lors de la fuite de la famille royale, en 1791, il fut chargé (pourquoi lui ?) de partir devant pour dire aux dragons chargés d'attendre Leurs Majestés sur la route que la berline royale aurait du retard. Mais plutôt que de s'en tenir au rôle qui lui avait été confié, notre homme, fidèle à lui-même, se monta la tête, affirmant que la voiture ne serait pas là avant le lendemain. Lorsque le roi et la reine arrivèrent, tout le monde était parti. Les soldats dans une auberge et Léonard sur la route de Verdun. Leurs Altesses attendirent, attendirent et c'est ainsi que les révolutionnaires les rattrapèrent.

En 1793, Léonard ne put se rendre au dernier défilé de la reine[26], tout occupé qu'il était à exercer son art en Russie où il avait trouvé refuge. De toute façon, il aurait été déçu : la France, toujours à la pointe de la mode, l'avait déjà oublié. On n'aimait plus, désormais, que les coupes bien dégagées sur la nuque.

26 Voir notice « Mauvaise comédie pour Marie-Antoinette ».

Le singe de Pline

CAÏUS JULIUS SOLINUS, géographe

Face à Solinus, un géographe romain du IIIe siècle, les plagiaires du monde entier peuvent aller se rhabiller. Pour écrire son *De mirabilibus mundi* (*Les Merveilles du monde*), une sorte de récit de voyage aux quatre coins du globe, Solinus n'eut en effet aucun scrupule à recopier dans l'*Histoire naturelle* de Pline ce qui lui manquait, c'est-à-dire presque tout. Et pour le peu qui restait encore, il pompa allègrement dans les ouvrages de quatre-vingt-seize autres auteurs (Caton, Zénodote, Cosconius, Cicéron...) dont il ne prit jamais la peine, sinon de les citer, du moins de vérifier leurs sources.

Résultat : son livre[27] n'est qu'un ramassis de fables et de fariboles plus réjouissantes les unes que les autres. Ainsi, à Salamine, il n'est pas rare que des enfants de trois

27 On peut le consulter à l'adresse suivante : http://remacle.org/bloodwolf/erudits/solin/index.htm.

ans arrivent à puberté ; en Scythie, certaines femmes ont une double pupille et tuent ceux qu'elles regardent quand elles sont en colère (les hommes, eux, ont tous des pupilles vertes, « aussi voient-ils mieux la nuit que le jour ») ; en Calabre, un boa se nourrit exclusivement de lait de vache ; dans le Pont-Euxin, les thons ont l'œil droit plus sûr que l'œil gauche ; quant aux Hyperboréens, qui vivent dans des forêts sacrées près du Ptérophore, ils ne connaissent ni discordes ni chagrins et, quand ils en ont assez de vivre, se parfument de la tête aux pieds et vont se jeter en riant dans la mer...

Ce livre légendaire et merveilleux va en inspirer plus d'un, à commencer par saint Augustin qui le cite à plusieurs reprises dans son *De civitate Dei*[28], sans compter tous les autres grands penseurs du Moyen Âge qui, sans s'interroger davantage, verront, dans les innombrables références antiques qu'il contient, un gage de qualité et de sérieux. Durant des siècles, les caméléons ne boiront ni ne mangeront mais se contenteront de humer l'air ; les juments portugaises feront des poulains « qui n'ont point d'autre père que le vent » ; les hippomanes, ces juments d'airain sur lesquelles « les étalons lancent leurs fragiles talons », continueront de « pisser plus souvent » en période de chaleur et les Siméens, un peuple d'Éthiopie, d'être gouvernés par un roi-chien.

L'ère des grandes découvertes finira par mettre à bas toutes ces étonnantes merveilles en en faisant naître d'autres, bien réelles, elles. Quant à Solinus, ce vilain copieur que l'on surnomma « le singe de Pline », on l'envoya, lui et son livre, retrouver les forêts hyperboréennes où il fait si bon mourir.

---

28 *La Cité de Dieu.*

PSEUDO

ÉMILE PAUL ROMAIN AJAR PAVLOWITCH GARY, écrivain

Ah, la bonne blague ! Tout le monde y a cru : les éditeurs, les écrivains[29], les journalistes, le public (mais ça, c'est peut-être moins surprenant). Personne n'avait encore jamais rencontré Émile Ajar ; on n'avait de lui qu'une ou deux photos un peu floues, mais ça n'empêcha pas les convives de Drouant de lui attribuer, le 17 novembre 1975, le prix Goncourt, au huitième tour de scrutin, pour son deuxième roman intitulé *La Vie devant soi*[30]. « Le fait que ce ne soit pas un homme physique ne vous a pas gênés ? » demanda une jeune journaliste de la télévision à Hervé Bazin qui sortait à peine de table. L'auteur de *Vipère au poing* secoua sa bonne grosse tête de moine et répondit avec élégance : « On s'en fout[31] ! »

La littérature, de fait, a-t-elle besoin d'un visage ?

La littérature peut-être pas. Mais les journalistes oui. Au bout d'un moment, ils en ont eu assez de ne rien savoir. Ils ont creusé, creusé encore. Puis ils ont trouvé. L'homme s'appelait en réalité Paul Pavlowitch. Il

29 À part Raymond Queneau, qui avait flairé qu'il ne s'agissait pas d'un premier roman.
30 Aux éditions Mercure de France.
31 Journal de 20 heures de TF1 du 17 novembre 1975. À voir sur le site ina.fr.

avait trente-cinq ans. Il habitait une ferme à Caniac-du-Causse et était marié à la fille de l'ancien directeur de la Caisse d'allocations familiales du Lot. Il écrivait entouré de chèvres. Bucolique tableau ! Mais certains, qui soupçonnaient un surpeint, s'échinaient à gratter la croûte pour découvrir la peinture et le véritable auteur du chef-d'œuvre qui se cachaient dessous : Raymond Queneau ? Louis Aragon ? Jean-Edern Hallier ? Un détenu en cavale ?

Durant près de six ans, et presque autant de livres, Paul Pavlowitch endossa avec une certaine aisance, il faut bien le dire, le costume d'Émile Ajar que son grand-oncle Romain Gary avait taillé pour lui. Et s'il arrivait, parfois, qu'une déchirure laissât deviner la silhouette de l'ancien prix Goncourt, ce dernier s'empressait de la recoudre avec du gros fil : « J'affirme que je ne suis pas Émile Ajar et que je n'ai collaboré en aucune façon aux ouvrages de cet auteur[32]. »

Le vêtement craqua en 1981, à la mort du costumier. Avant de se tirer une balle dans la bouche, Gary laissa un manuscrit, *Vie et mort d'Émile Ajar* (1981), dans lequel il expliquait tout et qu'il concluait par un bras d'honneur : « Je me suis bien amusé, au revoir et merci. »

Depuis cette date, Paul Pavlowitch est redevenu « un homme physique » à part entière. Il a signé trois romans, enseigné dans des prisons, été lecteur au Mercure de France, a collaboré à la défunte revue *L'Autre Journal*. Mais, comme dirait Hervé Bazin :

« On s'en fout. »

32 *Le Monde* du 28 novembre 1975.

L'assassinat du président Kennedy (1)

MARILYN SITZMAN, secrétaire

Abraham Zapruder n'avait d'abord pas pris sa caméra. Ce patron d'une petite fabrique de vêtements pour dames de Dallas en était persuadé : avec le monde qui allait s'agglutiner sur le parcours, il n'aurait aucune chance d'apercevoir les Kennedy en visite dans la ville, ce 22 novembre 1963. C'est sa secrétaire, Marilyn Sitzman, qui a insisté pour qu'il aille la chercher.

Une fois revenu avec sa Bell & Howell 8 mm, Abraham et Marilyn filent sur Elm Street. Après avoir déambulé un peu, ils finissent par dénicher le coin idéal : un bloc de béton qui domine la route. Mais Zapruder a le vertige. Qu'à cela ne tienne : Marilyn se mettra derrière lui et le retiendra. Vite ! Car déjà les premières motos arrivent dans leur direction. « Il a commencé à filmer juste avant que la voiture tourne le coin de la rue, expliquera plus tard Marilyn à la télévision. Ils sont arrivés saluant tout le monde. C'est alors qu'on a entendu deux détonations[33]. »

33 Voir l'interview (en anglais) de Marilyn à l'adresse suivante : https://www.youtube.com/watch?v=FPmZSF1KBp4.

L'assassinat du président Kennedy (2)

WILLIAM GREER ET HENRI PAUL, chauffeurs

William Greer a, lui, clairement entendu trois détonations. Il n'a pas fait attention à la première, persuadé qu'il s'agissait du pot d'échappement d'une moto. À la deuxième, trois secondes plus tard, il s'est dit que quelque chose ne tournait pas rond. Il s'est retourné et a vu le gouverneur Connally, affaissé sur la gauche. À l'avant, côté passager, l'agent Roy Kellerman, qui, lui, avait compris qu'on venait de les canarder, s'est mis à gueuler : « Barrons-nous d'ici, vite ! » Mais plutôt que d'accélérer, Greer s'est retourné encore une fois, une fraction de seconde avant que la tête du Président n'explose. Alors, enfin, il a appuyé sur le champignon, direction l'hôpital Parkland. Trop tard. Trente minutes après son admission, le président Kennedy était officiellement déclaré mort.

Durant les jours et les années qui suivirent, la presse et le public n'ont pas manqué de revenir sur le comportement

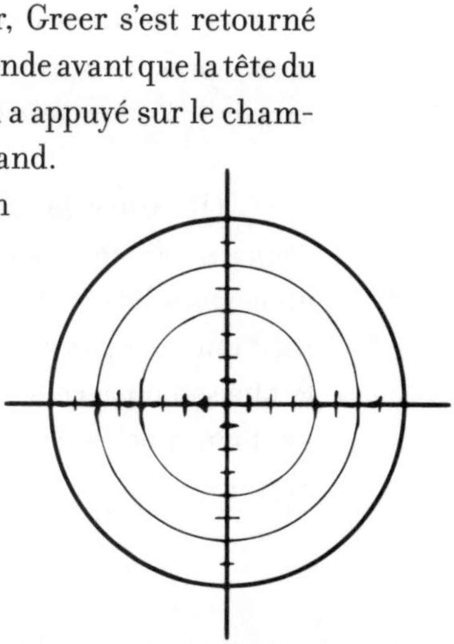

du chauffeur ce 22 novembre 1963. Quand certains se contentaient de blâmer son manque de professionnalisme (il aurait pu, au moins, disaient-ils, faire une embardée), d'autres le soupçonnaient d'être directement impliqué dans la mort du Président. Les plus modérés suggéraient qu'il avait ralenti exprès, pour permettre au tireur de mieux ajuster sa cible. Les plus virulents affirmaient que c'est lui qui, au moment où il s'était retourné la deuxième fois, avait tiré sur Kennedy. Si d'aucuns, parmi ces gens-là, pensaient qu'il avait utilisé un banal calibre 45, d'autres soutenaient qu'il s'était servi d'un redoutable pistolet à gaz mis au point par la CIA, une arme bourrée de composants électriques qui, non content de tirer une bille explosive, injectait une forte quantité de venin de mollusque (*sic*) dans le cerveau, histoire de ne laisser aucune chance à la malheureuse victime. Quant au mobile, là aussi les Colombo du complot s'écharpaient. Pour les plus rationnels, il avait agi tantôt sur ordre de la mafia, tantôt sur celui de pétroliers texans ; pour les autres, il avait tué Kennedy parce que ce dernier s'apprêtait à faire des révélations fracassantes sur les extraterrestres… Même mort, Greer continua – et continue encore – d'alimenter la rumeur : est-il décédé, dans des circonstances non élucidées, trois mois après Kennedy ou a-t-il succombé à un vulgaire cancer de l'estomac le 23 février 1985 ?

Quelques années plus tard, un autre chauffeur déchaîna de nouveau les passions : celui de Lady Diana, un certain Henri Paul, dont l'alcoolisme chronique n'en finit toujours pas de le disputer à ses liens supposés avec le Mossad ou avec le MI 6. Une seule chose est sûre : lui est bien mort le 31 août 1997 sous le pont de l'Alma. À moins que…

ATTENTAT DÉJOUÉ CONTRE NAPOLÉON

GERMAIN, DIT CÉSAR, conducteur hippomobile

Ah ! Si seulement le président Kennedy et la princesse Diana avaient eu Germain, le cocher de Napoléon, pour chauffeur…

Le soir du 3 nivôse an IX[34], celui-ci conduisait son maître – qui n'était encore que Premier consul – au théâtre des Arts pour assister à la première parisienne de *La Création* de Joseph Haydn. Comme Napoléon était en retard et qu'il craignait de manquer le début de la représentation, il avait ordonné qu'on poussât les chevaux.

Arrivé à fond de train au débouché de la rue Saint-Nicaise qui donnait sur la rue Saint-Honoré, Germain blêmit. Devant lui, une charrette attelée obstrue le passage ; pas le temps de freiner ! Il tire violemment les rênes à droite. Les chevaux hennissent, la voiture fait une violente embardée. Ça va passer, ça passe, c'est passé ! Germain respire. La course reprend sous les

34. Le 24 décembre 1800.

regards médusés des passants. Mais la voiture n'a pas fait cinquante mètres qu'une violente explosion venue de la rue Saint-Nicaise ébranle tout. Les vitres de la berline volent en éclats.

La charrette contre laquelle Germain a manqué s'encastrer tout à l'heure n'était pas là par hasard. Elle contenait une machine infernale bricolée, l'enquête le révélera plus tard, par trois chouans bretons qui tenaient à se débarrasser de Bonaparte. Le moins que l'on puisse dire, c'est qu'ils y avaient mis les moyens : si la bombe (un énorme tonneau rempli de mitraille et de poudre) manqua le Premier consul, elle déchiqueta Marianne Peusol, une gamine de quatorze ans à qui les artificiers avaient demandé de tenir la bride du cheval contre 12 sous, arracha les deux seins de Mme Léger, la patronne du Café d'Apollon, qui balayait devant sa porte, tua vingt autres personnes, fit une centaine de blessés et détruisit ou endommagea quarante-six maisons.

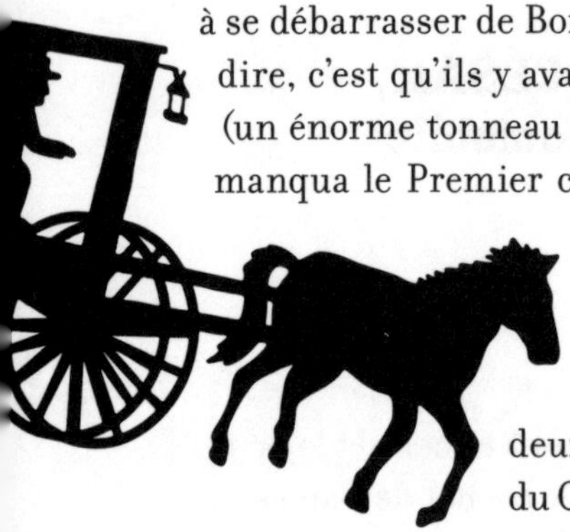

« Eh bien, tenta de sourire Napoléon à ses officiers une fois rentré aux Tuileries, nous l'avons échappé belle[35] ! »

Grâce à ses réflexes étonnants, Germain entra dans la gloire. Quelques jours après l'attentat, cinq cents cochers de fiacres de Paris se cotisèrent pour lui offrir un magnifique dîner dans un restaurant des Champs-Élysées, à 24 francs par tête.

Qu'advint-il de lui ensuite ? Mystère. Mais trente ans après l'événement, son nom, à défaut de sa voiture,

35 *Mémoires de Constant, premier valet de chambre de l'Empereur, sur la vie privée de Napoléon, sa famille et sa cour*, chez Ladvocat, 1830.

circulait encore dans Paris : en 1830, un dramaturge nommé Sauvage en fit le personnage principal d'un vaudeville en un acte intitulé *Le Cocher de Napoléon*. L'argument, dont on ne sait quelle part il emprunte à la réalité, tenait en quelques lignes : « Réduit à la misère, Germain, ancien cocher de Napoléon, est retiré à Vienne. Il rencontre le duc de Reichstadt, qui vient à son secours et lui donne 10 000 francs[36]. »

La pièce fut jouée à plusieurs reprises au théâtre de la Gaîté-Lyrique à partir du 27 octobre 1831. Elle remporta, chaque fois, un vif succès. Et l'on espère que Germain, si tant est qu'il fût vraiment pauvre – et toujours en vie –, toucha une partie de la recette.

36 *Almanach des spectacles pour 1831*, chez Barba, Palais-Royal, 1831.

Van Gogh bradé

ARTHUR-GUSTAVE RAVOUX, aubergiste

Deux ans après que Van Gogh eut rendu son dernier soupir dans son auberge d'Auvers-sur-Oise, le 29 juillet 1890, Arthur-Gustave Ravoux qui venait d'ouvrir un nouveau commerce dans les Yvelines, à Meulan, ne savaient toujours pas quoi faire des deux toiles que Théo Van Gogh lui avait laissées en souvenir de son frère. On aurait dit, de fait, sinon les œuvres d'un fou (encore que), du moins celles d'un homme en proie à des singularités physiques de l'œil qui auraient fait la joie des docteurs en ophtalmologie. L'une d'elles représentait plus ou moins sa fille, Adeline, assise de profil en robe bleue, les mains sur les genoux, sur fond bleu lui aussi ; l'autre, la mairie toute tordue d'Auvers le jour du 14 Juillet avec, au premier plan, deux arbres tout tordus eux aussi. Il s'en débarrassa pour 40 francs auprès d'un Américain de passage chez lui, un certain Harry Haranson, qui les avait trouvées remisées tout écaillées dans l'arrière-salle de la boutique, au milieu des casiers à bouteilles et des crottes de souris. Mais bien mal acquis ne profite jamais et, longtemps, Ravoux se reprocha de les lui avoir vendues si cher. Il mourut le 3 avril 1914, à l'âge de soixante et un ans, complètement aveugle.

Nessie ? Si, Si !

LUGNE MOCUMIN, barbare, et M. et Mme JOHN MACKAY, hôteliers

Parce que sa barque était partie s'échouer sur l'autre rive du lac, Lugne Mocumin, un membre d'une redoutable tribu de barbares brittoniques[37], a plongé pour aller la chercher. Mais alors qu'il atteignait le milieu du lac, la surface s'est soudain mise à bouillonner devant lui. Il n'a pas eu le temps de s'interroger davantage qu'un monstre énorme a jailli de l'eau et s'est précipité sur lui, la gueule grande ouverte, pour le dévorer tout cru. Heureusement pour Lugne, un moine du nom de Colomba passait par là. Ce dernier s'avance aussitôt dans l'eau, fait le signe de la croix et, au nom de

37 Le terme « brittonique » désigne l'ensemble des peuples celtes qui, durant le Ier millénaire avant J.-C., s'établirent en Grande-Bretagne. Leur territoire était limité, au nord, par les rivières Clyde et Forth qui se trouvent aujourd'hui en Écosse.

Dieu tout-puissant, ordonne au monstre de retourner dans sa tanière aquatique. Ce qu'il fait. Le barbare en est quitte pour une bonne pétoche et une conversion au christianisme aussi rapide qu'imprévue. Saint Colomba n'en était pas à son premier miracle. En cette année 565, il avait déjà changé de l'eau en vin, calmé des tempêtes, multiplié des troupeaux de bétail, détruit des sangliers, rendu des serpents inoffensifs ou entraîné des démons à sa suite en leur faisant miroiter un seau rempli de lait.

Quant au monstre, il dut avoir très peur lui aussi puisqu'il ne ressortit la tête de l'eau que mille trois cent soixante-huit ans plus tard, le 14 avril 1933, devant les yeux ébahis d'un couple d'hôteliers de Drumnadrochit de passage dans le coin, les Mackay, qui, contrairement à saint Colomba, s'empressèrent de détaler. Leur témoignage parut quelques jours plus tard à la une du journal local, *The Inverness Courier*, sous le titre : « Étrange spectacle sur le Loch Ness. Qu'est-ce que c'était[38] ? »

Quatre-vingt-deux ans – et quelques millions de visiteurs – plus tard, on s'interroge toujours.

38 Numéro du 2 mai 1933.

Faiseurs de modes royales

JACQUES ET GABRIEL DE MONTGOMERY, officiers de la garde écossaise

1515, c'est Marignan. Facile. Mais 1521 ? Qui sait ce qu'est 1521 ? Personne ? Eh bien 1521, c'est Romorantin.

Le 6 janvier de cette année-là, en pleine Épiphanie, ce gros bourg du Loir-et-Cher fut le théâtre d'une tentative de coup d'État : après avoir trouvé la fève dans son gâteau, le farceur comte Charles de Saint-Pol, seigneur de Romorantin, se coiffa d'une couronne en toc et fit savoir à François Ier, qui séjournait non loin de là avec quelques amis, qu'il était désormais le maître du royaume. Mais le roi « au grand nez » ne l'entendit pas de cette (grande) oreille. Aussitôt, il rameute ses troupes et fait sonner le branle-bas de combat. Sus aux félons ! Le comte de Saint-Pol, bien décidé à éviter que son règne à peine commencé ne parte déjà en brioche, rassemble lui aussi ses hommes et distribue les munitions : boules de neige, œufs et pommes cuites. Ça va barder ! Le combat s'engage. Très vite, les armées du roi légitime gagnent du terrain. Les voici maintenant aux portes du château. Les munitions des parjures réfugiés au premier étage manquent. La partie est perdue. Il va falloir se rendre. C'est alors que l'un des défenseurs, Jacques de Montgomery, oubliant que l'on joue, s'empare d'un tison ardent et le lance sur les assaillants. Pas de chance, c'est sur le roi qu'il tombe. Voilà Sa Majesté qui se roule par terre, la tignasse et la barbe en flammes. On crie : « Halte au feu ! » On étouffe l'incendie. Le roi est vivant (vive le roi !) mais bien amoché. Une partie de son crâne est lisse comme un œuf et rouge comme l'intérieur d'une figue ; ses joues ont été rongées par les braises. Quel imbécile, ce Montgomery ! Son geste ne sera pas sans conséquence sur les affaires du royaume : Sa Majesté, désormais, portera cheveux courts et barbe longue ; les premiers pour éviter qu'on ne remarque trop sa tonsure, la seconde, ses joues balafrées. La mode est lancée ; de ce jour, tous les coquets de France et de Navarre paraîtront ainsi.

Quelques années plus tard, le 30 juin 1559, à Paris, le fils de cet imbécile de Jacques, Gabriel, fut à deux doigts, lui aussi, de bouleverser la mode de son temps. Au cours d'un tournoi, il enfonça sa lance dans l'œil du roi Henri II, le fils de feu François Ier. « Un gros éclat frappe le front au-dessous du sourcil droit et, déchirant la chair, vient s'enfoncer dans un coin de l'œil gauche ; plusieurs fragments percèrent l'œil même[39]… » On banda la tête et l'œil crevé du roi. Il mourut dix jours plus tard. Tous les coquets lui en surent gré.

---

39 Rentchnick Pierre, *Ces malades qui font l'histoire*, Plon, 1984.

Le pendu de Rembrandt

ADRIAAN ADRIAANSZOON, dit Aris Kindt, bandit

On le pendit à Amsterdam en janvier 1632, à l'âge de quarante et un ans, parce qu'il avait volé un manteau sous la menace d'une arme. Dès qu'il cessa de gigoter, on le détacha et on le conduisit à toute vitesse au *Theatrum anatomium* du Waag où l'attendait le Dr Nicolaes Tulp pour sa séance annuelle de dissection.

Comme tous les ans, la foule se presse pour assister au spectacle. Ils sont près de trois cents, ce jour-là, à avoir payé leur place, et il se murmure que quelques personnalités font partie du nombre : le philosophe René Descartes, par exemple, mais aussi un jeune peintre prometteur de vingt-six ans du nom de Harmenszoon van Rijn dont on dit que c'est Tulp lui-même qui l'a engagé pour immortaliser sa leçon.

Si personne ne put affirmer avoir vu Descartes, tout le monde, en revanche, a bien vu le peintre. Difficile, de fait, de le manquer. Il est aux premières loges avec tout son matériel. Sur la scène, entouré de sept membres de la guilde des chirurgiens amstellodamois, le Dr Tulp, coiffé d'un grand chapeau noir, commence. La leçon du jour portera sur l'examen des tendons de la main. Après avoir disséqué l'avant-bras et la main gauche d'Aris Kindt, le docteur saisit l'épicondyle latéral du coude (un muscle fléchisseur) avec une pince et tire dessus. Il explique au public comment fonctionnent les articulations interphalangiennes proximales des doigts. La flexion qu'il met en évidence est due à un phénomène appelé ténodèse automatique.

Pendant ce temps, le jeune peintre accumule les esquisses. Celle qu'il retiendra plus tard comme support de sa toile finale de quatre mètres carrés représente tous ces messieurs de la guilde penchés au-dessus du cadavre tout blanc d'Aris Kindt, cet homme qui n'est plus qu'une chose, absorbés à vérifier dans un gros livre ouvert devant eux (sans doute le *De humani corporis fabrica* de Vésale) l'exactitude des propos de maître Tulp.

Avec cette œuvre de commande, Harmenszoon van Rijn réalisa son premier portrait de groupe et reçut près de 700 florins, une fortune pour l'époque. Il l'intitula *La Leçon d'anatomie du Docteur Tulp* et la signa de son seul prénom : Rembrandt.

Le caron de Molière

COUTHON, gentilhomme

A-t-il été alerté par des cris dans la rue Richelieu[40], ce soir de février 1673 ? Quelqu'un est-il venu le prévenir ? Comme il habite juste à côté, il n'a mis que quelques secondes à arriver. Lorsqu'il est entré dans la chambre, le spectacle l'a laissé sans voix. Allongé sur son lit, entouré de deux religieuses, son ami Molière se meurt. On vient de le ramener du théâtre du Palais-Royal où il interprétait *Le Malade imaginaire*. Il tousse du sang. Il y en a de partout : sur les draps, l'oreiller, le sol même. On explique à Couthon que deux prêtres ont déjà été appelés mais qu'ils n'ont pas voulu venir. On est allé en chercher un troisième. Alors, comme Molière râle, Couthon s'approche de lui, le prend dans ses bras et l'aide à passer de l'autre côté du décor. C'est malheureusement tout ce que l'on sait de lui.

40 Dans le 1er arrondissement de Paris.

Le petit chaperon de Sade

ROSE KELLER, fileuse de coton

Le dimanche de Pâques 3 avril 1768, Rose Keller, une ancienne fileuse de coton originaire d'Alsace, au chômage depuis plus d'un mois, fait la manche devant la basilique des Petits-Pères, à Paris. Un homme d'une trentaine d'années, vêtu d'une redingote grise et d'un manchon de lynx, l'aborde et lui propose un écu si elle accepte de le suivre. Il cherche quelqu'un pour, dit-il, s'occuper de « l'Aumônerie », la maison de campagne qu'il possède à Arcueil. Rose, ce pauvre petit chaperon qui avait grand besoin de manger un peu de galette, se hâta de se jeter dans la gueule du loup.

Après que Rose se fut échappée de la maison d'Arcueil où son tortionnaire avait abusé d'elle, le chirurgien qui l'examina nota : « Toute l'étendue des fesses et une partie du dos sont vergetées et excoriées avec coupure et contusion forte et longue sur l'épine du dos[41] », le tout lui

41 Voir le site : http://eliedufaure1824-1865.pagesperso-orange.fr/pierreduf.htm

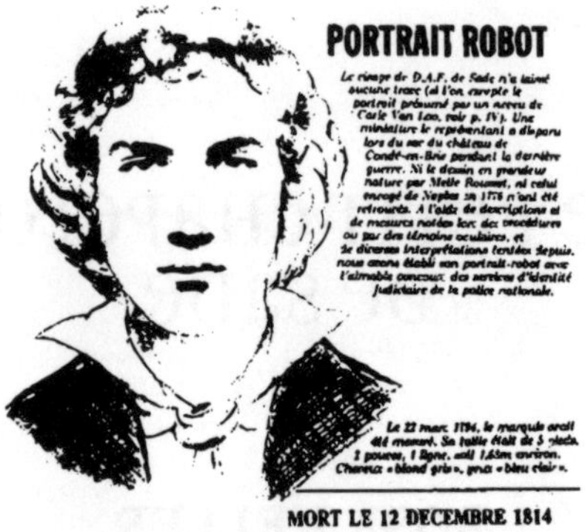

paraissant fait par « quelque instrument contondant et tranchant ». Il remarqua également des traces de cire fondue sur sa peau et des places d'épidermes enlevés de la grandeur et de la forme d'une pièce de 6 sols. D'après Rose, l'homme l'avait attachée aux montants d'un lit, battue avec une poignée de verges avant de l'inciser avec un canif et de faire couler de la cire rouge et blanche sur ses blessures.

On arrêta le criminel quelques jours plus tard. Il tenta de minimiser l'affaire, affirmant notamment que la jeune femme était consentante, qu'il n'avait utilisé que de la cire blanche et qu'en fait de verges il s'était servi d'une corde à nœuds. S'il parvint, devant les juges locaux, à faire retirer la plainte de Rose contre le paiement d'une somme de 2 400 livres et 7 louis d'or, la justice royale, qui se saisit de l'affaire, le condamna, elle, à six mois de détention et à une amende de 100 livres. Il s'agissait de Donatien Alphonse François de Sade, marquis de son état, que certains esprits, sans doute aussi tordus que le sien, continuent de qualifier de « divin ».

Rapports électriques

WILLIAM FRANKLIN, fils de

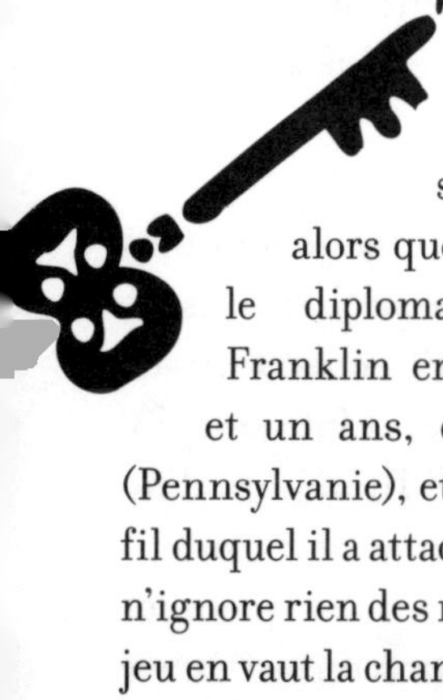

Il aurait voulu le tuer qu'il ne s'y serait pas pris autrement. Ce 15 juin 1752, alors que le ciel se couvre et que l'orage gronde, le diplomate-imprimeur-scientifique Benjamin Franklin entraîne son fils William, âgé de vingt et un ans, du côté d'une église de Philadelphie (Pennsylvanie), et lui demande de tenir un cerf-volant au fil duquel il a attaché une grosse clé métallique. Benjamin n'ignore rien des risques qu'il fait courir à son fils. Mais le jeu en vaut la chandelle : avec cette expérience, il prouvera enfin à tous ces imbéciles de la *Royal Society* que les éclairs ne sont pas constitués de matières inflammables mais sont de nature électrique. En d'autres termes : Abraham avait accepté d'immoler son fils sur l'autel du divin ; Benjamin est prêt, lui, à sacrifier le sien sur celui de la science. (Pour tout dire, William n'est pas son fils légitime : il est né d'une relation adultérine avec une femme dont personne ne connaît l'identité. Ceci explique peut-être cela.)

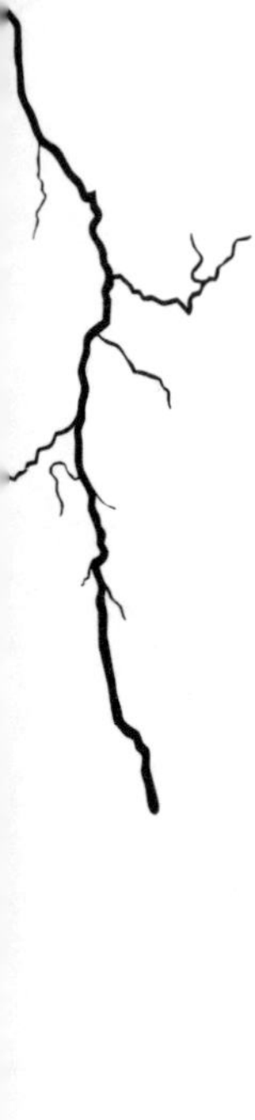

L'orage éclate, la pluie tombe, les éclairs zèbrent le ciel. Mais Dieu, caché entre les nuages, veille au grain. Tout comme il a épargné le fils d'Abraham, il va épargner ce bâtard de William. Une violente décharge électrique touche le cerf-volant puis la clé qui grésille mais, le reste du fil n'étant pas assez humide, ne descend pas jusqu'au garçon.

Durant le reste de sa vie, William ne jouera plus jamais avec l'électricité. Ce qui ne l'empêchera pas de faire des étincelles. Militaire brillant (il obtint le grade de capitaine en 1747), juriste enflammé, il fut, en 1763, nommé gouverneur du New Jersey où il fit montre d'un esprit éclairé en signant notamment la charte pour la création du Collège de la Reine qui deviendra, quelques années plus tard, la plus grande institution universitaire du pays. Farouche opposant à l'indépendance des États-Unis, il se disputa violemment avec son illuminé de père qui, lui, ne voulait plus entendre parler de l'Angleterre. Le courant ne passant plus, il s'exila à Londres puis à Paris, où il s'éteignit le 25 mai 1823[42].

42 On peut, si l'on désire lui rendre hommage, aller allumer une bougie sur sa tombe au cimetière du Père-Lachaise, 43e division.

Famille de fêlés

ÉMILE-ALPHONSE (dit Alphonse) MALRAUX, grand-père de

Longtemps, son petit-fils, l'écrivain André Malraux, prétendit qu'il était armateur et qu'il était mort en se fendant le crâne à l'aide d'une hache à double tranchant, alors qu'il sculptait la figure de proue de ce qui devait être son dernier navire.

La belle histoire ! En réalité, Alphonse, maître tonnelier originaire de Dunkerque, mourut, en novembre 1909, d'une attaque d'apoplexie dans son grenier, où il entreposait ses bouteilles d'eau-de-vie.

Toute sa vie durant, André Malraux eut, entre autres tics, celui de ne pouvoir s'empêcher de raconter des craques. On n'en finirait pas de les recenser toutes, d'ailleurs, entre son dossier militaire trafiqué, ses actes de résistance inventés, ses diplômes usurpés, ses rencontres fantasmées avec Mao…

Ceux qui l'admirent – ou qui l'excusent – y voient de l'art : la mythomanie, explique par exemple l'écrivain

Marc Bertrand, « affirme le droit de l'homme, le droit de l'imaginaire face à la réalité » ; elle est « une affaire de rivalité entre l'homme et le monde[43] ».

Sans doute la littérature et les exégètes trouvent-ils leur compte à tous ces mensonges. Et sans doute le brave grand-père Alphonse ne dut-il pas se retourner dans sa tombe en apprenant qu'il était mort en « vieux Viking ».

Il y a fort à parier, en revanche, qu'il dut se demander (avec beaucoup d'autres) quel coup son ministre de petit-fils avait lui-même effectivement reçu sur le crâne lorsque, au cours d'une visite officielle au Mexique en 1960, il s'en alla expliquer le plus sérieusement du monde aux autorités locales que « la pluie artificielle (était) maintenant un procédé tout à fait au point[44] »... Chez les Malraux, le plus fêlé des deux n'est pas celui qu'on croit.

43 Bertrand Marc, « André Malraux : du mythomane au postmoderne », http://www.lebanesepantheon.org/PDF/Andre%20Malraux%20Du%20Mythomane%20au%20Postmoderne-Marc%20Bertrand.pdf.

44 Todd Olivier, *André Malraux, une vie*, Gallimard, 2001.

creuseur de rêves

BARTHÉLEMY PROSPER ENFANTIN, entrepreneur

Moïse avait ouvert la mer ? Lui allait ouvrir la terre. En janvier 1834, l'entrepreneur français Barthélemy Prosper Enfantin obtient enfin une audience auprès du vice-roi d'Égypte, Méhémet Ali. Il tient à lui faire part d'un projet pharaonique qu'il a mis au point alors qu'il était en France : le percement d'un canal de près de deux cents kilomètres de long qui réunira la mer Rouge et la Méditerranée. D'après Enfantin, ce grand canal dont il étale les plans sur la table royale au milieu des théières et des loukoums ne servira pas seulement à faire gagner huit mille kilomètres aux navires : il permettra enfin, comme dans un rêve, de relier l'Orient et sa foi millénaire à l'Occident et ses techniques nouvelles. Malheureusement pour Enfantin, le vice-roi a alors d'autres projets sous son turban. Il hésite entre la création d'une ligne de chemin de fer entre Le Caire et Suez et la construction d'un barrage sur le Nil.

En 1847, Enfantin revient à la charge. Il a, entre-temps, rameuté plusieurs banquiers et rassemblé, au sein d'une société d'études, des dizaines de chercheurs de tous pays (France, Allemagne, Autriche) qui ont notamment prouvé qu'il ne sera pas nécessaire de construire des écluses.

Le vice-roi, cette fois-ci, est tout disposé à l'entendre. Pas de bol : en juillet 1848, Méhémet Ali perd brusquement la raison avant d'être déposé. Enfantin refuse de se laisser abattre : il continue de clamer que le canal sera la première grande œuvre de la république. Mais c'est au tour de ses amis chercheurs internationaux de se disputer, incapables de se mettre d'accord sur le nom de celui qui conduira les travaux. Résultat : Enfantin reste seul avec son canal sur les bras. Dépité et désabusé, il rentre définitivement à Paris en laissant un mot cinglant à l'intention de ceux qui, pourtant, le soutiennent encore : « Vous m'embêtez tous[45] ! »

Il mourut le 31 août 1864 d'une congestion cérébrale mais eut néanmoins le temps d'apprendre que le diplomate-ingénieur Ferdinand de Lesseps, qui avait récupéré ses plans[46], avait commencé à creuser son rêve.

---

45 JOUVE Bernard, *L'Épopée saint-simonienne : Saint-Simon, Enfantin et leur disciple Alexis Petit, de Suez au pays de George Sand*, Guénégaud, 2001.
46 Certains laissent entendre que « volé » serait le terme plus exact.

PREMIÈRE MANCHE

CHARLES DE LAMBERT, aviateur (1)

Mille livres sterling. C'est la récompense qu'offrit le *Daily Mail*, le 5 octobre 1908, à l'aviateur qui traverserait la Manche le premier. Trente-huit kilomètres de désert liquide. Une immensité pour les uns ; un suicide pour les autres… Neuf mois plus tard, ils sont trois sur les rangs : Hubert Latham, quarante-quatre ans, sur *Antoinette IV*, Louis Blériot, trente-sept ans, sur *Blériot XI* (on n'est jamais si bien servi que par soi-même), et le comte Charles de Lambert, un Français d'origine russe de quarante-quatre ans, sur *Wright Model A*. Lambert a tout sacrifié sur l'autel de sa passion pour l'aviation : sa femme Louise, qui a demandé le divorce, sa fille Jane, qui est désormais élevée par un autre, et une bonne partie de sa fortune. Cette espèce d'Ernest Laverdure à moustaches et à casquette à oreilles n'a peur de rien. Le 27 juin 1909, il est devenu le premier pilote à survoler les Pays-Bas. Encore que survoler ne soit pas le terme exact : disons plutôt qu'il a réussi à décoller,

ce qui n'est déjà pas si mal, et à rester trois minutes en l'air.

Chacun s'élancera à tour de rôle, dans l'ordre des inscriptions. Un contre tous, tous contre un ! Le 19 juillet, à 6 h 47 du matin, Latham s'envole le premier. Concurrent sérieux, il a déjà traversé la Manche en ballon avec son cousin Jacques, en 1905. Mais à dix-huit kilomètres des côtes françaises, patatras ! Un problème de filtre à essence le force à amerrir en catastrophe. Le 25, à 4 h 15 du matin, c'est au tour de Blériot. Un signe de la main à son constructeur Alessandro Anzani venu l'encourager, et… c'est parti ! Mis au courant du départ de son dernier rival, Lambert, basé dans la baie de Wissant, à deux pas de Boulogne-sur-Mer, se frise tranquillement les moustaches. Il est confiant : en deux ans, Blériot s'est écrasé trente-deux fois. Ce serait bien le diable si…

DEUXIÈME MANCHE

CHARLES DE LAMBERT, aviateur (2)

La déception de Lambert fut de courte durée. Quelques mois seulement après que Blériot lui eut soufflé la victoire, il prit sa revanche en étant le premier à survoler la tour Eiffel et en terminant quatrième au Grand Prix de Champagne de la plus longue distance parcourue sans ravitaillement (116 kilomètres).

Puis, redescendu sur le plancher des vaches, il engloutit ce qui lui restait de vie et d'argent dans la mise au point d'hydroglisseurs – un moyen autrement pratique et sûr pour traverser le *Channel* – qu'il tenta de vendre aux pouvoirs publics et à l'armée. Mais ses engins faisaient tellement de boucan que personne n'en voulut. Il mourut dans la misère, oublié de tous, le 26 février 1944, à l'âge de soixante-dix-huit ans.

Métier à risque

MARK KELLOGG, reporter

Fort Lincoln, Dakota du sud, États-Unis. Le 21 juin 1876.

Peu avant de partir avec le général Custer et son 7e de cavalerie pour assister au démantèlement d'un immense camp indien installé sur un terrain aurifère du Montana, le journaliste correspondant de guerre Mark Kellogg envoya un message à son journal, *The Bismark Tribune* : « Au moment où vous recevrez ces lignes, nous aurons rencontré et combattu les diables rouges avec le résultat qu'on verra. Je pars avec Custer et je resterai avec lui jusqu'à la mort[47]. »

Au moment de monter en selle, Kellogg n'en doutait pas : ils allaient voir ce qu'ils allaient voir, ces sauvages assis sur leur tas d'or ! Et les lecteurs du *Bismark Tribune* aussi, par la même occasion… Ça allait être l'article de sa vie ! Mais personne ne vit rien du tout. Le 25 juin, en

47 Caudill Edward et Ashdown Paul, *Inventing Custer : The Making of an American Legend*, Rowman & Littlefield Publishers, Maryland, 2015.

milieu d'après-midi, du côté de la rivière Little Bighorn, des milliers de guerriers Sioux et Cheyennes commandés par Sitting Bull et Crazy Horse interrompirent brutalement, et prématurément, son reportage.

On retrouva son corps le lendemain des combats. Il gisait dans un ravin avec plusieurs soldats de la compagnie E. Il avait été scalpé et il lui manquait une oreille. Seules ses bottes permirent de l'identifier. On l'enterra sur le champ de bataille de Little Bighorn aux côtés du général Custer et de deux cent soixante-trois soldats du 7e de cavalerie. Il avait quarante-cinq ans.

Il est le premier correspondant de l'*Associated Press*[48] à être mort dans l'exercice de ses fonctions.

48 L'*Associated Press* (AP) fut fondée en 1846 par six journaux new-yorkais sous la forme d'une coopérative. Leur but était de mutualiser leurs efforts pour collecter des nouvelles sur l'étranger et notamment l'Europe.

Élémentaire, mon cher Watson

GEORGE EDALJI, avocat

Cela pourrait commencer comme dans un roman de Jacques Chessex : « Great Wyrley, près de Birmingham, 1903. » Cette année-là, les habitants de ce petit village du nord-ouest de l'Angleterre furent confrontés à une série de meurtres d'animaux parmi lesquels on dénombra des chevaux, des vaches et des moutons. Chaque fois, l'assassin opère de nuit et de la même manière : il découpe le ventre de ses victimes à l'aide d'un rasoir effilé.

Au bout du huitième meurtre, celui d'un *pit pony*, une lettre anonyme désigne le coupable : il s'agit d'un avocat d'origine indienne, un certain George Edalji âgé de vingt-sept ans, que l'on s'empresse, malgré ses dénégations, de condamner à sept ans de travaux forcés. Cela faisait des années que la population locale le harcelait, lui et sa famille d'immigrés, en lui envoyant des lettres de menaces ou d'insultes. Mais cela ne mit pas la puce à l'oreille des jurés : la robe de chambre ensanglantée du suspect, la boue retrouvée sur ses chaussures et la proximité de son lieu d'habitation avec la scène du dernier délit suffisaient à prouver sa culpabilité. Le fait que d'autres crimes furent commis alors qu'Edalji était incarcéré n'y changea rien.

Après trois ans de détention et une pétition demandant la réouverture du procès signée par près de dix mille personnes, Edalji est libéré sur parole, sans explications ni excuses. Mais son nom est toujours inscrit au casier judiciaire et il a tout perdu : son travail, sa réputation, son honneur. C'est alors qu'un détective privé amateur (et moustachu) de quarante-sept ans, convaincu qu'il s'agit là d'une terrible erreur judiciaire à connotation raciste, entre en scène. Reprenant l'enquête depuis le début et s'appuyant sur des méthodes scientifiques, il démontre en un peu plus de temps qu'il n'en faut pour l'écrire que la terre retrouvée sous les bottes d'Edalji ne correspond pas à celle de la dernière scène du crime ; que la robe de chambre a été mise en contact avec le cadavre du poney durant l'enquête de la police, mais aussi que le présumé coupable est myope comme une taupe et qu'il n'a donc pu commettre ces forfaits de nuit et par terrain accidenté. Élémentaire… Résultat : George

Edalji est définitivement innocenté en 1907 et son nom effacé des listes de la police.

Quant au redoutable détective amateur dont on découvrit le visage carré et fier (et moustachu) dans la presse, il faisait beaucoup penser à sir Arthur Conan Doyle, le père du célébrissime Sherlock Holmes. De fait, c'était lui.

Dernier vagabondage pour Charlot

ROMAN WARDAS
et GANTCHO GANEV,
mécaniciens

Trois mois après sa mort, qui survint le 25 décembre 1977, Charlie Chaplin disparut du petit cimetière de Corsier-sur-Vevey, en Suisse, où on l'avait enterré.

Durant plusieurs jours, personne ne sut où il était passé. Un matin, deux hommes qui préféraient garder l'anonymat appelèrent sa famille pour lui dire qu'ils savaient où il était mais qu'ils ne se donneraient la peine de le ramener que si on leur donnait 1 million de dollars.

Durant des semaines, Lady Oona refusa de payer.

Enfin, le 16 mai 1978, à force d'écoutes téléphoniques et de négociations toujours à la baisse, la police parvint à mettre la main sur les deux hommes : il s'agissait de deux mécaniciens au chômage, Roman Wardas, un Polonais de vingt-quatre ans, et Gantcho Ganev, un Bulgare de trente-huit ans un peu « bobet[49] » comme on dit dans le canton de Vaud. Ils avaient planqué le corps à quelques kilomètres de Corsier, dans un champ de maïs.

« On voulait ouvrir un garage[50] », expliqua Wardas aux enquêteurs. Et lorsqu'on lui demanda s'il se rendait compte de ce qu'ils avaient fait, il bredouilla : « On voulait de l'argent sans faire de mal à personne. Cet homme était mort[51]. »

Wardas fut condamné à quatre ans et demi de travaux forcés, Ganev à dix-huit mois de prison avec sursis. Quant à Charlot, sa famille le ramena dans son cimetière et, pour éviter que ça ne recommence, elle le fit ensevelir sous deux mètres de béton. Comme l'expliqua fièrement le fossoyeur aux journalistes présents ce jour-là : « Va falloir un marteau-piqueur pour ouvrir le coffre-fort, maintenant[52]. »

---

49 Idiot.
50 Cité dans le *Observer-Reporter Washington* du mardi 12 décembre 1978.
51 *Ibid.*
52 « Yasser Arafat : Ten other people who have been exhumed », *BBC News Magazine*, 27 novembre 2012.

Charlie Chaplin ne fut pas le seul à disparaître après sa mort : dans la nuit du 19 au 20 février 1973, le corps du maréchal Pétain fut déterré par Hubert Massol, un proche de Bruno Mégret, qui s'était mis en tête de le ramener à Verdun. On retrouva le cercueil et son locataire deux jours plus tard, dans le box d'un parking des Puces de Saint-Ouen. Plus près de nous, en 2011, c'est Mike Bongiorno, un célèbre présentateur de télévision italien, mort en 2009, qui disparut de son cimetière d'Arona (Italie). Son corps à lui n'a jamais été retrouvé.

La libération change d'adresse

LES ÉPOUX GONDRÉE ET LOUIS PICOT, cafetiers

Durant des années, les historiens du débarquement de Normandie – et, *a fortiori*, les touristes qui les ont écoutés – se sont gourés d'adresse : ils ont été persuadés que la première maison à avoir été libérée par les Alliés, dans la nuit du 5 au 6 juin 1944, avait été le café des époux Gondrée (Thérèse et Georges pour les intimes), situé juste avant le pont levant de Bénouville, dans le Calvados. Heureusement, l'historien français Norbert Hugedé est récemment venu remettre les pendules de l'Histoire à l'heure : après des années d'une minutieuse enquête de terrain, il est parvenu à prouver que c'est le bistrot d'en face, celui de Louis Picot, qui avait été visité le premier[53].

53 Hugedé Norbert, *Le Commando du pont Pégase*, éditions France-Empire, 2004.

Il faut dire, à la décharge des historiens, que le propriétaire de La Chaumine n'était plus là, depuis longtemps, pour revendiquer son ordre d'apparition dans l'Histoire : aux toutes premières heures du 6 juin, vers 0 h 30, alors que les combats faisaient rage pour la prise du pont, Picot avait eu la mauvaise idée de sortir de chez lui en gueulant à l'adresse de soldats allemands planqués derrière un muret :

« Vive les Anglais ! »

Trois mots héroïques pour passer de la lumière à l'ombre… Quand on songe qu'il n'en a fallu qu'un seul à Cambronne pour faire exactement le chemin inverse, on ne peut s'empêcher de se dire que, oui, la vie est parfois bien injuste[54].

---

54 En 1815, durant la bataille de Waterloo, le général Cambronne aurait lancé un « Merde ! » retentissant au général anglais Colville (à moins qu'il ne s'agît de Maitland) qui lui demandait de se rendre. Ce mot, qu'il nia toujours avoir prononcé, le rendit célèbre.

Longtemps, elle s'est levée de bonne heure

CÉLESTE ALBARET, servante

Après être allée enterrer Proust au cimetière du Père-Lachaise, le 21 novembre 1922, (85e division), Céleste Albaret, son ancienne servante, cuisinière et secrétaire dévouée, ouvrit, à l'âge de trente et un ans, un hôtel : L'Alsace-Lorraine, au 14 de la rue des Canettes à Paris, avec son mari Odilon. La méticulosité et l'ordre strict pour ne pas dire tyrannique que lui avait imposés Proust durant ses huit ans de service fondirent avec le temps. Trois décennies après s'être installée derrière la caisse, son hôtel ne tenait plus debout que par l'opération du Saint-Esprit : les toilettes, souvent bouchées, étaient cachées derrière une porte en planches avec des trous ;

les lits étaient grinçants et bosselés comme des terrains vagues et les papiers peints, sur lesquels planaient des oiseaux qui ressemblaient à des mouettes, fanés et décollés.

Les quelques personnes qui osaient encore venir y dormir étaient, pour la plupart, de jeunes étudiants sans le sou ou des artistes qui, comme l'écrivain André de Richaud, cherchaient leur inspiration dans le vin plutôt que dans les madeleines trempées dans du thé. Elle ne s'en offusquait pas et offrait même souvent des facilités de paiement. Mais s'il arrivait qu'une chambre fasse un peu trop de tapage, sa silhouette haute et large surgissait dans l'encadrement de la porte et sa voix de paysanne cévenole grondait : « Je n'aime pas cette vie bohème[55] ! » Cela, naturellement, n'y changeait rien.

Elle mit la clé sous sa porte vermoulue dans le milieu des années 1950, peu avant la mort de son mari, et alla passer le reste de ses jours à dépoussiérer Le Belvédère, la jolie maison-musée plus tranquille et plus saine de Maurice Ravel à Montfort-l'Amaury.

Quant à L'Alsace-Lorraine, les nouveaux acquéreurs le rénovèrent de fond en comble et le rebaptisèrent La Perle, peut-être en hommage à son ancienne propriétaire.

55 Voir le site : http://www.bigbridge.org/BB14/art-berkson.html

TINTINOPHILE

LUCIEN PEPERMANS,
scout

Le jeudi 8 mai 1930, à 16 heures 8 minutes, un gamin habillé en moujik et la tête surmontée d'une houppette descend du train arrivé en gare du Nord à Bruxelles. Il tient un petit chien blanc en laisse et une valise sur laquelle est étiqueté : « Moscou ». La foule qui l'attend est immense (la presse parle de plusieurs centaines de personnes dont une grande majorité d'enfants) et, débordant le service d'ordre, se précipite aussitôt sur lui pour mieux le voir et le toucher. « Le voilà ! Le voilà ! » « C'est lui ! » « Hourra ! » Dans l'enthousiasme général, une jeune mère va même jusqu'à lui mettre son enfant dans les bras pour qu'il l'embrasse. Nul doute que si les fameux inspecteurs Dupondt avaient été là, ils y seraient allés de leur petit commentaire :

« Est-ce le fils d'un tsar ? aurait demandé Dupond.

– Je dirais même plus, aurait renchéri Dupont, est-ce le fils d'une star ? »

Ni l'un ni l'autre : il s'agit tout simplement du célèbre reporter Tintin dont le journal *Le Petit Vingtième*, qui vient d'achever la publication de ses extraordinaires

aventures au terrible pays des soviets, a annoncé le retour quelques jours plus tôt. Ou, pour être plus exact, de Lucien Pepermans, un jeune scout de quinze ans originaire du petit village de Woluwe, à qui la rédaction du journal a demandé d'incarner le personnage d'Hergé contre un billet de 100 francs et un bouquet de fleurs aux couleurs nationales (offert par la maison Frouté).

Pepermans gardera longtemps un souvenir ébloui de cette folle journée : « Je me souviens encore d'une phrase du discours, dira-t-il : "C'est le cœur étreint par une juste émotion..." et la foule de crier : "Hip, hip, hip, hourra !" D'ailleurs, il y a eu plus de cris de la foule que de phrases prononcées par moi[56]. »

Tintin un jour, Tintin toujours... Quelques années plus tard, durant la Seconde Guerre mondiale, on raconte que Pepermans, à l'instar du petit héros de son enfance, s'en alla lui-même bouffer du soviet sur le front de l'Est, au sein de la redoutable « légion Wallonie », un groupe de volontaires belges francophones engagés sous l'uniforme allemand de la Waffen-SS et commandés – le monde est petit – par une ancienne connaissance d'Hergé : le rexiste Léon Degrelle, que l'on surnommait « le Führer belge » et qu'Hitler aurait rêvé d'avoir pour fils.

---

56 PEETERS Benoît, *Hergé, fils de Tintin*, Flammarion, coll. « Champs », 2006.

Le meilleur ami de l'homme (1)

BÉBERT, chat

Bébert ! Qu'aurait fait Céline sans lui ? Durant l'Occupation, ce bon gros chat de gouttière qu'il a recueilli en 1942 auprès du comédien Robert Le Vigan fut peut-être bien le seul être en qui il put avoir pleinement confiance. Ça, il l'a aimé son chat, Céline, bien mieux que tous ces Chinois ou ces Sémites « bas du cul qui puent le nègre[57] » : « Un chat, s'émerveillera-t-il, c'est l'ensorcellement même, le tact en ondes… C'est tout en "brrt" "brrt" de paroles… Bébert en "brrt", il causait positivement. Il vous répondait aux questions[58]. »

Au temps de l'exil, Bébert a été de tous les voyages : à Sigmaringen, à Baden-Baden, à Berlin, au Danemark… Il a survécu aux bombes, à la faim, au froid, à la misère… « Ah ! Bébert, écrira un jour Paul Vitoux, la plume sanglotante, Céline en a si bien parlé, sobrement, avec une tendresse malicieuse, une intimité qui bouleverse, comme s'il trouvait dans son chat toutes les compensations au commerce si malheureux des hommes[59]. » Oui, il en a eu de la chance, Céline, avec son gros Bébert…

57 CÉLINE Louis-Ferdinand, *Bagatelles pour un massacre*, Denoël, 1937.
58 CÉLINE Louis-Ferdinand, *Féerie pour une autre fois*, Gallimard, coll. « Folio », 1995.
59 VITOUX Frédéric, *Bébert, le chat de Louis-Ferdinand Céline*, Grasset, 1976.

Le meilleur ami de l'homme (2)

MOORTJE, chat

Anne Frank, elle, en a eu beaucoup moins avec son Moortje, le petit chat noir qu'elle avait, elle aussi, recueilli en 1942. Le 8 juillet de la même année, au moment de disparaître derrière les murs de sa maison avec toute sa famille, elle dut s'en séparer à tout jamais de peur que ses « brrt » « brtt » les fassent repérer. Elle en parlait si bien elle aussi : « Moortje me manque à chaque instant de la journée et personne ne peut imaginer combien je pense à lui ; chaque fois que je pense à lui, j'en ai les larmes aux yeux. Moortje est si mignon et je l'aime tellement, je rêve à des projets pour le faire revenir[60]. »

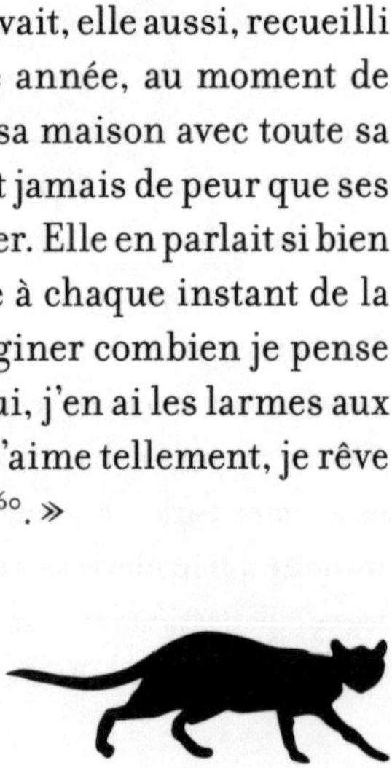

60 *Le Journal d'Anne Frank*, texte établi par Otto H. Frank et Mirjam Pressler, Calmann-Lévy, 1992.

La disparue du Père-Lachaise

ADÉLAÏDE PAILLARD DE VILLENEUVE, enfant

Elle fut la première, le mercredi 21 mars 1804, à inaugurer le cimetière du Père-Lachaise dont Napoléon Bonaparte avait ordonné la construction l'année précédente pour pallier les manques de lieux de sépulture à Paris. On ne sait pratiquement rien d'elle, sinon qu'elle était âgée de cinq ans, qu'elle était la fille d'un porte-sonnette[61] du faubourg Saint-Antoine, qu'elle fut inhumée dans la division 42 et qu'elle avait emporté, pour son interminable voyage, sa petite poupée de chiffon rose.

Durant de longs mois, Adélaïde dormit presque seule dans ce grand parc à l'anglaise de près de dix-sept hectares : les Parisiens, snobinards jusque dans la mort, rechignaient à aller se faire enterrer hors de Paris, dans un quartier populaire et pauvre.

61 Un porte-sonnette était une personne chargée de signaler aux habitants des villes, à l'aide d'une clochette, l'heure de balayer et de nettoyer les rues.

C'est alors que la municipalité eut une idée de génie. Tout comme autrefois M. Parmentier avait attisé la curiosité des paysans en faisant poster des gardes à l'entrée de son champ de pommes de terre, ces messieurs de la mairie attirèrent les bourgeois en faisant transférer en grande pompe les restes d'Abélard et d'Héloïse, bientôt suivis de ceux de La Fontaine et de Molière. Succès garanti. Très vite, on manqua de place. Il fallut agrandir, agrandir, agrandir. Et comme on ne pouvait s'étendre à l'infini, on finit par relever les tombes les plus anciennes pour laisser place aux nouvelles. C'est ainsi qu'Adélaïde disparut à tout jamais de la surface du monde.

Ils sont nombreux ceux qui, aujourd'hui encore, arpentent la division 42 dans l'espoir de la retrouver. Généralement, le petit bouquet de fleurs qu'ils lui destinaient finit sur la tombe d'un autre. Voilà comment une petite fille dont il ne reste rien qu'un souvenir ému continue, deux cents ans plus tard, de parfumer le monde.

Réaction conditionnée

JAMES MCDONOUGH, dit M. Wallace, chef comptable

Rien n'avait préparé M. James McDonough, un paisible et jovial chef comptable du Connecticut, à devenir un jour acteur. Au cours du mois de juin 1961, ce brave homme de quarante-sept ans interpréta pourtant à quarante reprises, et avec un indéniable talent, le rôle de M. Wallace, un fonctionnaire affable qui, après avoir lu une petite annonce dans le journal, finissait sur une chaise électrique. La pièce à laquelle il participa était très avant-gardiste pour l'époque. Jouée à huis clos dans un laboratoire de l'université de Yale, un seul spectateur à la fois pouvait y assister. Le plus fort dans l'histoire, c'est que ce même spectateur ne savait pas qu'il allait au théâtre. Il croyait qu'il avait été sélectionné pour participer à un test sur la mémoire.

Assis derrière un générateur électrique bidon, il devait, sous l'autorité d'un comédien déguisé en scientifique, envoyer des décharges toujours plus puissantes à M. Wallace lorsque celui-ci était incapable de reconstituer des couples de mots qu'on lui avait lus au préalable. Le comédien-scientifique assurait sans rire que cela finirait bien par lui rafraîchir la mémoire. Naturellement, c'est tout l'inverse qui se produisait. À force de prendre le jus, M. Wallace perdait les pédales. Il ne savait plus, suppliait qu'on arrête de le torturer, pleurait, refusait de répondre. Le comédien-scientifique poussait alors le spectateur à continuer malgré tout.

Personne ne savait jamais comment la pièce allait se terminer. Le spectateur allait-il résister aux ordres ? S'y soumettre ? Au cours de ses quarante représentations, M. Wallace mourut vingt-cinq fois. Le reste du temps, il reçut des décharges factices au moins égales à 300 volts.

Si le nom de James McDonough ne resta pas dans les annales du théâtre, celui de Stanley Milgram, le metteur en scène, resta, lui, dans celles de la psychologie moderne. Ce psychologue américain spécialiste du comportement venait en effet de prouver, avec sa terrible expérience, que n'importe qui, face à une autorité qu'il juge légitime et supérieure, peut se transformer en monstre.

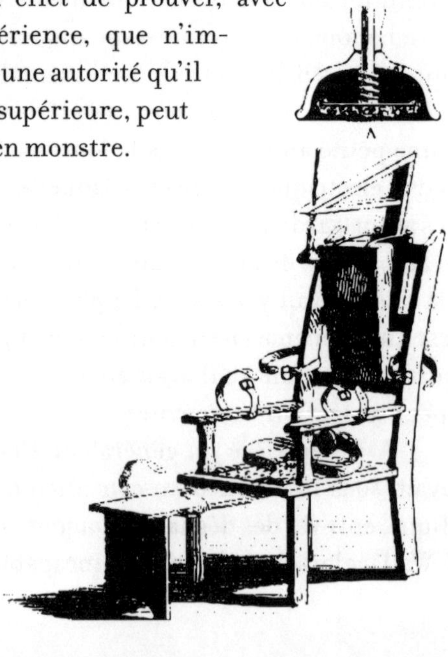

CHEF ! OUI, CHEF !

JACOB BESER, opérateur radio

Trois jours seulement après être allé balancer la première bombe atomique sur Hiroshima à bord de l'*Enola Gay*, le 6 août 1945, l'opérateur radio Jacob Beser, vingt-quatre ans, s'empressa de réendosser son équipement pour se rendre à Nagasaki à bord du *Bockscar*. Il devait veiller, comme la première fois, à ce qu'aucune interférence ne fasse prématurément exploser la bombe. Il entra dans l'histoire en étant le seul membre d'équipage à avoir participé aux deux opérations.

Durant les années qui suivirent, on lui a souvent demandé s'il le referait et s'il se sentait coupable d'avoir participé à l'anéantissement de près de deux cent cinquante mille vies. Il répondit : « Il faut prendre en compte le contexte de l'époque dans lequel les décisions sont prises. Dans les mêmes conditions que celles de 1945, je n'hésiterais pas un seul instant à le refaire.

Je n'ai aucun regret ni remords pour le petit rôle que j'ai joué. Que je doive en avoir est même complètement absurde. Je me souviens de Pearl Harbor et de toutes les atrocités commises par les Japonais. Je me souviens du choc qu'a ressenti notre nation après tout cela. Je ne veux pas entendre parler de morale. La guerre, par nature, est immorale[62]. »

Avant de l'enrôler pour cette mission, son supérieur lui avait dit : « Ne posez pas de questions. Faites-moi juste confiance[63]. »

62 BESER Jacob, *Hiroshima & Nagasaki Revisited*, Global Press, 1988.
63 Voir notice précédente.

Le bourreau de Mata Hari

LUCIEN ARNAUD, sergent

Il a été très surpris, ce soir du 14 octobre 1917, lorsqu'on est venu lui donner l'ordre de constituer un peloton d'exécution pour le lendemain à l'aube. Généralement, ce genre de mission est confié à un officier, pas à un sergent. « Mais nous étions en pleine guerre et les exécutions étaient nombreuses, expliquera-t-il plus tard au journaliste Jean-Claude Delaygues[64]. Je n'ai pas cherché à comprendre. J'ai obéi à cet ordre[65]. » À vingt-trois ans, et après trois ans de conflit, cet Auvergnat du 4e régiment de zouaves n'est plus un bleu. Il a déjà été blessé trois fois : une fois à la tête, une autre fois d'un coup de baïonnette au côté gauche et une troisième fois à l'aine. Ce courageux poilu saura se montrer à la hauteur de la tâche qu'on vient de lui confier. Et peu importe que le premier condamné qui apparaisse sur sa liste soit l'une

64 Delaygues Jean-Claude, *Carnet d'un journaliste*, éditions L'Écir, 2006.
65 Voir notices précédentes.

des femmes les plus intrigantes et les plus troublantes de l'époque. « Nous connaissions bien sûr l'existence de Mata Hari, dira encore Arnaud, et les bruits les plus divers circulaient à son sujet parmi les troupes, notamment son comportement avec l'état-major allemand. On disait même que c'était elle qui avait donné à l'ennemi l'attaque du chemin des Dames[66]. »

Aussi, c'est sans défaillir que, le 15 octobre, à 6 heures du matin, dans les fossés brumeux du fort de Vincennes, il s'approche de la belle aventurière coiffée d'un chapeau noir et blanc et sanglée dans un manteau noir à col de fourrure pour lui bander les yeux. Elle refuse et, regardant le ciel, s'exclame : « Quelle étrange coutume des Français que d'exécuter les gens à l'aube[67] ! » Puis, ainsi que le raconte la légende, elle envoie un baiser aux soldats juste avant qu'ils ne la mitraillent. Les tirs éclatent. Elle chancelle, tombe à genoux puis s'abat en arrière, les jambes repliées sous elle. Alors Arnaud s'avance, pistolet à la main, et lui donne le coup de grâce derrière l'oreille gauche. Il est 6 h 20. Mata Hari, dont le nom signifie « la Pupille de l'aurore » en hindi, avait quarante et un ans.

Son corps, que personne ne réclama, fut découpé en morceaux par les étudiants de la faculté de médecine de Paris avant d'être incinéré et jeté à la fosse commune. Quant à sa jolie tête, où Arnaud avait fait un si vilain trou, elle fut longtemps conservée au musée d'Anatomie de Paris avant de disparaître en 1954.

---

66 *Ibid.*
67 KLEN Michel, *Femmes de guerre, une histoire millénaire*, Ellipses, 2010.

L'Europe avant l'heure

PHILIBERT BESSON, homme politique

Quelle trombine ! Avec ses petites lunettes rondes et son crâne dégarni d'où partent, de chaque côté de ses tempes, deux grosses touffes de cheveux en broussaille, on dirait le Pr Tournesol. Mais Philibert Besson, député de la Haute-Loire dans les années 1930, n'avait pas que l'allure du fameux savant. Il en avait aussi le côté déjanté et visionnaire.

Si son programme politique ressemblait beaucoup à une liste de courses dans un magasin de farces et attrapes (prolongement de la rue de Rennes jusqu'à la mer ; extinction du paupérisme à partir de 21 heures ; aménagement de trottoirs roulants pour faciliter le labeur des péripatéticiennes ; attribution d'une pension à la veuve du soldat inconnu...), il était aussi capable, parfois, de dire ou de faire autre chose que des conneries.

Au guidon de sa moto pétaradante ou au volant de sa vieille guimbarde bariolée d'affiches à sa gloire, il n'avait de cesse de courir la France et les couloirs de

l'Assemblée nationale pour vilipender les «vautours» de l'industrie électrique et des chemins de fer, s'élever contre les meuniers qui spoliaient leurs fournisseurs de blé, dénoncer les alliances cachées entre les partis politiques et le monde financier… Mais la grande idée de ce don Quichotte à tête de clown, son idéal, son cheval de bataille (à bascule), c'était, comme l'avait rêvé Aristide Briand un peu avant lui, la création des «États fédérés d'Europe», l'union des peuples, l'abolition des frontières et des douanes, «le travail en commun pour la prospérité commune». C'est ainsi qu'il avait, bien avant Delors et consort, imaginé, en 1930, une monnaie commune, l'europa, «la monnaie universelle, la monnaie de la paix», gagée sur le travail (Pour qui s'intéresse aux opérations de change, un europa équivalait, entre autres, à «200 grammes de viande, 30 grammes d'or, 50 centilitres de vin à 10 degrés, 30 minutes de travail, 10 kilowatts-heure»…).

Ses amis bellicistes et revanchards de l'Assemblée nationale se chargèrent de lui clouer le bec et de mettre son projet de monnaie unique à la poubelle en rappelant qu'il avait, quelques années plus tôt, effectué un séjour en hôpital psychiatrique et en faisant opportunément sortir dans la presse, à son propos, une sombre histoire de malversation financière.

Privé de son immunité parlementaire, poursuivi par la police, il passa à travers les mailles du filet en se déguisant, tel Fantômas, en femme ou en curé. Durant plus d'un an, il se terra dans le Velay, caché par des paysans.

Finalement disculpé, il revint sur la scène publique plus remonté que jamais, affirmant notamment à qui voulait l'entendre que les armées de la France, qui s'apprêtait à entrer en guerre contre l'Allemagne, n'avaient aucune chance de vaincre. Arrêté pour défaitisme, il fut condamné à dix ans d'emprisonnement à la forteresse de Riom, en Auvergne.

Il en sortit deux ans et demi plus tard, les pieds devant, le 17 mars 1941. Son visage était tuméfié et il ne pesait plus que trente-trois kilos. Son geôlier, un sadique surnommé « la Chèvre », l'avait privé de nourriture durant des semaines puis battu à mort pour le punir d'avoir, fidèle à lui-même et à ses principes, participé à une mutinerie. Il avait quarante-trois ans.

Le dégonflé de l'Atlantique

JACK PALMER, aventurier (du dimanche)

Temps clair ; mer calme. C'est le jour idéal pour s'en aller faire une croisière. Ce dimanche 25 mai 1952, dans le petit port du village de Fontvieille, près de Monaco, Alain et son ami anglais Jack ont pris place à bord d'un Zodiac de cinq mètres sur deux que surmonte une petite voile de trois mètres carrés.

Ils n'emportent rien avec eux qu'un sextant, quelques cartes, des hameçons, un fusil, deux appareils photo, un radiotransmetteur et quelques bouquins. Pas une goutte d'eau ni le moindre morceau de pain. Et pourtant, leur voyage risque de durer plusieurs jours. Ces inconscients ne sont pas fous. Ils entendent prouver à la Terre entière qu'il est possible de traverser la Méditerranée sans autre nourriture que la volonté et la débrouillardise.

Jusqu'à Tanger, qu'ils atteignent en dix-huit jours, tout roule, ou du moins tout flotte, pour les deux hommes

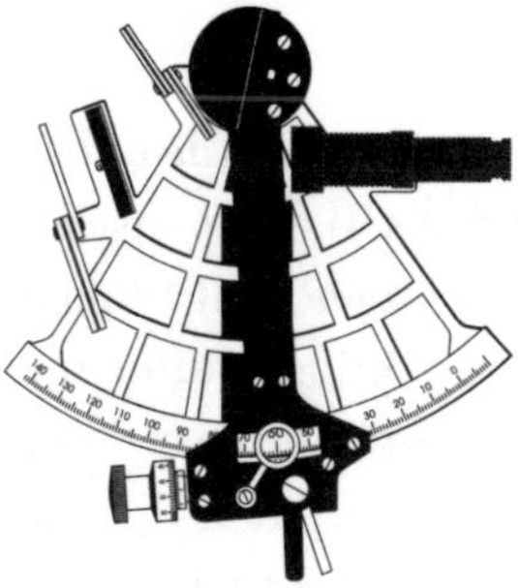

qui se nourrissent de poissons et de plancton : ils forment une équipe du tonnerre et n'ont à souffrir que d'une « constipation opiniâtre ».

Mais lorsque Alain, après quelques jours de repos, propose de sa voix fluette mais déterminée de continuer jusqu'aux Canaries, Jack se dégonfle. Pour lui, poursuivre serait un suicide, d'autant qu'Alain envisage désormais de le faire sans fusil ni hameçons. « Pour une raison ou pour une autre, en tout cas ce sont des raisons tout à fait honorables, expliquera alors élégamment Alain à un journaliste, mon ami Palmer n'a plus eu confiance. Et j'estime que dans ces choses-là il faut avoir confiance pour continuer ou bien sans ça le moral risque d'être extrêmement bas et ça risque de vous emmener très loin. Par conséquent, moi j'ai confiance, lui ne l'a plus. Je ne lui jette pas la pierre. Je comprends très bien qu'il n'ait pas voulu continuer mais d'un autre côté continuer avec un homme qui était persuadé qu'on allait échouer, moi je ne m'en sentais pas le courage[68]. »

Ce que tout le monde ignorait, et Jack le premier, c'était qu'Alain voyait déjà plus loin que les Canaries. Son but, son rêve, c'était l'Atlantique. Le lundi 22 décembre 1952, après soixante-cinq jours d'un épouvantable voyage durant lequel il faillit mourir plusieurs fois, Alain

68 Compilation d'archives d'Alain Bombard, 1952 et 1953, sur le site de l'Ina (retranscription d'un document audio). Interview réalisée par André Célarié à Casablanca, le 20 août 1952.

Bombard aperçut enfin les côtes de La Barbade (Caraïbes). « J'ai ri, se souviendra-t-il. J'ai pensé à tous ces cons qui avaient dit que mon projet était impossible[69]. » Il avait maigri de vingt-cinq kilos, perdu tous les ongles de ses doigts de pied, souffrait d'éruptions cutanées et de graves troubles oculaires. Mais il avait survécu. Quant à ce « con » de Jack Palmer, plus personne n'entendit jamais parler de lui.

Pas même le dessinateur de bande dessinée René Pétillon : c'est le hasard qui voulut que son désopilant personnage de détective privé (pourtant régulièrement embarqué, lui aussi, dans des aventures auxquelles il ne comprend pas grand-chose) portât le même patronyme[70].

69 Voir le site : http://www.lemonde.fr/a-la-une/article/2005/03/20/l-heresie-du-docteur-bombard_373147_3208.html

70 *Jack Palmer* de René Pétillon, 14 tomes parus aux éditions du Fromage, Dargaud et Albin Michel, parmi lesquels *L'Enquête Corse*, *Palmer en Bretagne*, *L'Affaire du voile*.

L'espion qui n'en était pas un

JAMES BOND, ornithologue

Son nom était Bond. James Bond. Mais lui, ce n'étaient pas les femmes ni les espions qu'il aimait. C'étaient les oiseaux aux couleurs chamarrées. Ce qui ne veut pas dire qu'il ne connut pas d'aventures : en 1925, à l'âge de vingt-cinq ans, James Bond partit durant six mois capturer des animaux en Amazonie pour les revendre à l'*Academy of Natural Science of Philadelphia* ; en 1926, il s'envola pour les Caraïbes et Haïti où il devint un expert de l'avifaune. En 1936, il publia un livre référence, *A Field Guide to the Birds of the West Indies*[71], un gros bouquin illustré décrivant plus de quatre cents espèces d'oiseaux des Antilles, qui fut réédité à de nombreuses reprises. Un jour de 1953, ce dernier tomba entre les mains d'un ornithologue amateur qui s'était récemment mis à l'écriture de romans d'espionnage et cherchait un nom pour son héros.

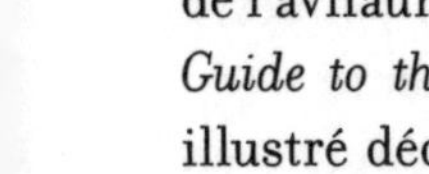

71 *Guide des oiseaux des Antilles.*

Dernier plein pour Camus

M. BAUMAS, pompiste

Quand il voit la voiture s'arrêter devant la pompe de sa station-service Shell de Lourmarin, ce 3 janvier 1960 au matin, M. Baumas ne peut s'empêcher d'émettre un petit sifflement. C'est qu'on n'en voit pas tous les jours, des bagnoles comme ça, dans ce petit coin du midi de la France. Pensez : une Facel-Vega FV3B noire comme un corbillard. Un vrai monstre de confort et de puissance produit à seulement quatre-vingt-onze exemplaires et capable, grâce à son V8 Plymouth 4,9 litres, de pointes à plus de 200 kilomètres à l'heure...

Alors qu'il fait le plein tout en discutant mécanique avec le conducteur, le pompiste reconnaît soudain Albert Camus assis sur la banquette arrière à côté d'une jeune fille et d'un petit chien. Tout le monde connaît l'écrivain à Lourmarin : cela fait bientôt

deux ans qu'il est venu s'installer dans ce petit village du Vaucluse qui lui rappelle la lumière et les couleurs de son Algérie natale. Sympa et tout simple, Camus, pas comme l'autre, là, le Henri Bosco qui vit enfermé dans son bastidon de pierres sèches sans jamais voir personne.

S'essuyant les mains dans un chiffon, M. Baumas laisse tourner la pompe et file chercher *L'Étranger* qu'il a acheté quelque temps plus tôt à la librairie du village pour se le faire dédicacer. C'est fort volontiers que Camus accepte d'inscrire quelques mots sur la page de faux titre à l'intention de son admirateur maculé de cambouis. Les derniers qu'il écrira jamais : « À monsieur Baumas, qui contribue à me faire revenir souvent dans le beau Lourmarin[72]. »

M. Baumas le verra effectivement revenir trois jours plus tard à bord d'un corbillard noir comme la Facel-Vega FV3B de Michel Gallimard qui était allée s'entortiller autour d'un platane du côté du joli petit village de Villeblevin, dans l'Yonne.

---

72 Lottman Herbert R., *Camus*, le cherche midi, 2013.

ÉMINCÉ DE GÉNIE

THOMAS HARVEY, médecin légiste

C'est lui qui, le 18 avril 1955, réalisa l'autopsie d'Albert Einstein, sept heures et demie après sa mort. Au terme de son examen qui confirma une rupture d'anévrisme, il préleva délicatement le cerveau du grand homme, le pesa (1 230 grammes) puis, sans rien demander à personne, le sectionna en cent soixante-dix morceaux qu'il découpa à leur tour en deux cent quarante fines lamelles microscopiques dans l'espoir de percer le secret du génie. Lorsque la famille d'Einstein l'apprit, elle fut très en colère. Mise devant le fait accompli, elle obtint que les clichés des lamelles et les commentaires les accompagnant ne soient publiés que dans des revues scientifiques et non sensationnalistes.

Harvey passera trente ans le nez sur son microscope. En vain. En 2010, trois ans après sa mort, ses héritiers ont fait don des géniales lamelles au *National Museum of Health and Medicine Chicago* qui, oubliant les vœux des légataires d'Einstein, s'empressa de les numériser puis

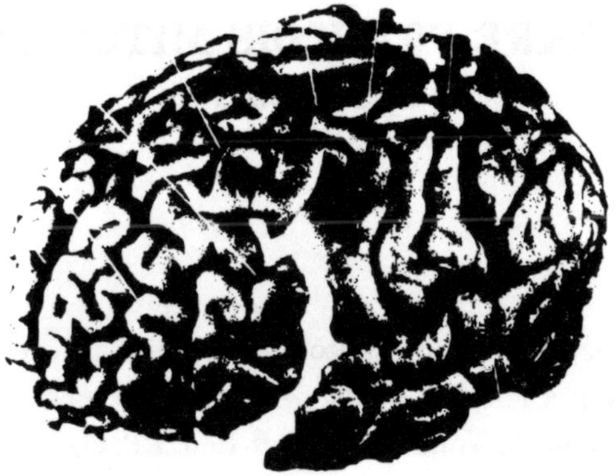

de les vendre sur Internet pour financer ses besoins. Tout le monde, du plus grand savant au plus parfait imbécile, peut désormais s'essayer à découvrir le mystère, moyennant la modique somme de 7,70 euros. « *O tempora, O mores* » (« Ô temps, Ô mœurs »), comme disait le grand Cicéron qui sait de quoi il parle : en 43 avant J.-C., sa tête et ses mains furent elles-mêmes exposées durant plusieurs jours aux Rostres de Rome[73] sur ordre de Marc-Antoine qui tenait à ce que tout le monde s'interrogeât sur ce qu'était le génie politique.

73 Une tribune en plein air, située dans le Forum, destinée aux harangues des magistrats et des orateurs.

Le cerveau de Voltaire

PIERRE-FRANÇOIS MITOUART, apothicaire

Pierre-François Mitouart fut, lui, un peu moins curieux que Thomas Harvey[74] lorsque, au terme de l'embaumement de Voltaire qui eut lieu à Paris[75], le 31 mai 1778, il se retrouva avec le cerveau de celui-ci entre les mains. Plutôt que de le découper en rondelles (ou de le jeter aux latrines, comme cela fut le cas pour les viscères du philosophe), il se contenta de le passer dans l'alcool bouillant pour le durcir, puis il l'introduisit dans un bocal de cristal rempli d'esprit-de-vin et fermé par un bouchon de liège goudronné.

À défaut de chercher à percer le mystère du génie du grand homme, Mitouart fit preuve du sien en exposant la précieuse relique dans son officine du 23 de la rue de Beaune, faubourg Saint-Germain. On venait parfois de fort loin admirer « la cervelle et le cervelet du feu sieur de Voltaire, singulièrement remarquable soit par leur volume extraordinaire, soit par une consistance

74 Voir notice précédente.

75 Dans l'hôtel particulier du marquis Charles de Villette, sur le quai des Théatins (aujourd'hui 27, quai Voltaire, dans le 7e arrondissement). Hasard de l'histoire, c'est dans cette même maison que, plus de deux siècles plus tard, le 15 août 2013, mourut le célèbre avocat Jacques Vergès. D'après ce que l'on sait, il a, lui, été enterré avec tous ses organes.

toute particulière[76] ». La famille de Voltaire n'y trouva, elle, jamais rien à redire. « *O Tempora, O Mores* », comme disait l'autre[77].

O
Tempora
O
Mores

76 *Manuscrit du libraire Hardy*, cité par Frédéric Lachèvre dans *Voltaire mourant*, éditions Honoré Champion, 1908.
77 À la mort de Mitouart, en 1786, le cerveau passa de main en main pour finir dans celles d'Alfred Monard (un lointain parent de Mitouart) qui, en 1924, en fit don à la Comédie-Française, où il se trouve toujours. Pour de plus amples informations sur les rocambolesques tribulations du cerveau de Voltaire, voir l'article de Variot G., « Le cerveau de Voltaire », *Bulletin de la Société française d'histoire de la médecine*, numéro 21, 1927.

LES SURVIVANTS DU VOL 571

SERGIO CATALÁN, *gaucho*

Une légende andine raconte que, dans la Cordillère, vivent d'étranges vampires : les *pishtacos*, des monstres blanchâtres à l'apparence humaine qui tuent les hommes pour les découper et dévorer leur graisse. La plupart du temps, ils traquent leurs victimes sur les sentiers de montagne. Ils sont séduisants, portent les cheveux longs et une barbe négligée. À leur ceinture pend un lasso en peau humaine. Peut-être Sergio Catalán, un *gaucho* chilien de quarante-sept ans, crut-il, ce soir du 22 décembre 1972, que les deux hommes qu'il venait d'apercevoir, criant et gesticulant de l'autre côté de la rivière Azufre, à 1 400 mètres d'altitude, étaient des *pishtacos*. Tout, dans leur apparence, en tout cas, pouvait le laisser penser : blancs, décharnés, les lèvres saignantes, les cheveux longs et la barbe en broussaille, ils semblaient tout droit sortis de l'enfer. Protégé par la rivière qui bouillonne à ses pieds et par son chien qui n'en finit pas d'aboyer, il s'approche ; mais ce que les deux hommes disent est incompréhensible à cause du vacarme de l'eau. Il crie alors « Demain ! » et disparaît dans la nuit. Lorsqu'il revient au petit matin, les deux hommes sont toujours là, autour d'un feu éteint. Il leur jette deux morceaux de pain qu'ils dévorent aussitôt et une feuille de papier enroulée autour d'une pierre. Elle lui revient avec le message suivant, tracé d'une main fébrile : « Je viens d'un avion qui est tombé dans les montagnes. Je suis uruguayen. Cela fait déjà dix jours que nous marchons. Il y a encore quatorze personnes blessées dans l'avion. Nous devons sortir rapidement d'ici et nous ne savons pas comment. Nous n'avons rien à manger. Nous sommes épuisés. Quand viendront-ils nous chercher là-haut ? S'il vous plaît, nous ne pouvons pas marcher. Où sommes-nous[78] ? »

Sergio Catalán n'en crut pas ses yeux. Il venait de retrouver les survivants du vol 571 pour Santiago du Chili. Cela faisait soixante-douze jours que l'avion de l'équipe de rugby à XV de Montevideo, pris dans une violente tempête, avait disparu des écrans radar. Tout le monde les croyait morts. De fait, seulement seize personnes sur quarante-cinq en avaient réchappé. Ce dont Catalán ne se doutait pas, en éperonnant son cheval pour aller chercher des secours dans la vallée, c'est que ces deux hommes et les quatorze compagnons qu'ils avaient laissés sur les flancs du volcan Tinguiririca, à plus de 4 000 mètres d'altitude, étaient bel et bien des *pishtacos* : après avoir épuisé leurs maigres réserves de nourriture (un peu de vin et des carrés de chocolat), ils avaient dû dévorer les cadavres de leurs compagnons pour survivre. Les apparences ne sont pas toujours trompeuses.

---

78 PEÑA Manuel Moros, *Historia natural del canibalismo*, Nowtilus, 2008.

« Je suis ton père »

SEBASTIAN SHAW, comédien

Soixante-cinq ans de carrière. Des années d'apprentissage dans les théâtres régionaux de Bristol, Liverpool, Hull. Un diplôme de la *Royal Academy of Dramatic Art* de Londres. Soixante-deux films à son actif, pour le cinéma ou la télévision, entre 1930 et 1991. Dix ans au sein de la *Royal Shakespeare Company*. Des rôles prestigieux à la pelle (Roméo, Gloucester, Polonius...), des milliers de vers appris. L'Histoire aime les pieds de nez : elle n'a gardé du grand comédien Sebastian Shaw qu'une toute petite scène d'à peine deux minutes et sept secondes. Elle se trouve à la fin du film de Georges Lucas, *Le Retour du Jedi*. Il interprète le rôle de Dark Vador mourant, démasqué, devant les yeux de son fils Luke Skywalker. Son texte tient sur une feuille de papier à cigarettes : « Maintenant va, mon fils. Laisse-moi. / Tu l'as déjà fait, Luke. / Tu avais raison. Tu avais raison à mon sujet. Dis à ta sœur que tu avais raison. »

« Je n'ai aucune idée pourquoi ils se sont focalisés sur moi, déclarera-t-il plus tard. La raison était qu'ils avaient besoin d'un acteur expérimenté pour jouer cette scène très difficile. Ça n'a pas été facile à faire[79]. » Grâce à cette brève mais cruciale apparition, Shaw recevra plus de demandes d'autographes et de lettres d'admirateurs qu'il n'en avait jamais reçues de toute sa carrière. Il mourut (pour de bon) le 23 décembre 1994 à l'âge de quatre-vingt-neuf ans. Personne ne sait quels furent ses derniers mots.

79 Voir le site (en anglais) : http://starwars.wikia.com/wiki/Sebastian_Shaw.

La Zambie dans la Lune

EDWARD MAKUKA NKOLOSO, instituteur

À dix-sept ans, Matha Mwamba a de la chance. Elle a été choisie, avec ses dix chats, pour faire partie de l'expédition qui, à la fin de l'année 1965, emmènera le premier équipage zambien sur la Lune.

Pour l'initiateur de ce projet, Edward Makuka Nkoloso, le directeur de l'Académie de recherches spatiales zambiennes, cela ne fait aucun doute : « Les Américains et les Russes vont perdre la course à la Lune[80]. » Cet ancien instituteur en mettrait sa main à couper. « J'aurai mon premier astronaute zambien sur la Lune en 1965. Mes hommes de l'espace sont prêts. Nous utiliserons mon propre système de mise à feu, dérivé de la catapulte. » Le lieu et la date du lancement ont été choisis avec soin : l'engin, baptisé D-Kalu 1, et dont la forme fait penser à un gros tambour, partira du stade de football de Lusaka, la capitale de la Zambie, à l'occasion des célébrations du premier anniversaire de l'indépendance du pays.

---

80 Toutes les citations de Makuka Nkoloso proviennent des documents observés par l'auteur lors d'une visite de l'exposition « Afronautes » de Cristina De Middel, qui se tint à Arles, en 2013, dans le cadre des Rencontres de la photographie.

We're going to Mars!

WITH A SPACEGIRL, TWO CATS AND A MISSIONARY

By EDWARD MAKUKA NKOLOSO

Seul petit hic : Makuka Nkoloso a besoin d'un peu d'argent pour mener à bien son formidable projet : 700 millions de livres zambiennes que l'Unesco, allez savoir pourquoi, tarde à lui envoyer malgré ses innombrables lettres de relance.

Ce qui ne l'empêche pas de continuer à entraîner intensivement ses hommes de l'espace, ses « afronautes », comme il les appelle. Il note à l'intention du Dr Kabunda Kayongo, le ministre zambien des Technologies : « Je les habitue au voyage dans l'espace en les plaçant dans ma capsule spatiale tous les jours. Il s'agit d'un baril de pétrole de quarante gallons dans lequel ils s'assoient et que je fais dévaler au bas d'une pente. Cela leur donne l'impression d'être en apesanteur. Je les fais aussi se balancer au bout d'une longue corde. Lorsqu'ils atteignent le point culminant, je coupe la corde – ce qui produit une sensation de chute libre. »

Malheureusement pour Makuka Nkoloso, les problèmes s'accumulent : en plus de voir des espions partout (d'après lui, les Américains et les Russes auraient tenté de kidnapper Matha et ses chats pour leur arracher des informations), ses « afronautes » eux-mêmes lui causent bien des soucis. Car ils ne se montrent pas vraiment intéressés par la Lune, du moins celle qui flotte, là-haut, entre deux étoiles. « J'ai des problèmes avec mes hommes de l'espace et avec ma femme de l'espace,

écrit Makuka Nkoloso, dépité, au Dr Kayongo. Ils ne se concentrent pas sur le voyage dans l'espace. Ils font trop l'amour alors qu'ils devraient étudier la Lune. »

Les mois passent. L'Unesco ne répond toujours pas. À force de s'entraîner, Matha Mwamba finit par tomber enceinte. Makuka Nkoloso doit, la mort dans l'âme, renoncer à son rêve.

Mais lorsque la presse lui demande d'expliquer les raisons de son échec, le rêve le reprend soudain, comme un dernier frisson de fièvre. Si son projet a foiré, explique-t-il le plus sérieusement du monde, c'est parce que le comité chargé des célébrations de l'indépendance a estimé que le lancement de sa fusée risquait d'effrayer les invités, voire la population tout entière. « Je pense qu'ils s'inquiétaient beaucoup pour la poussière et le bruit. C'est très dommage. »

On pourra penser ce que l'on veut de Makuka Nkoloso qui, à sa mort, le 4 mars 1989, fut inhumé avec les honneurs présidentiels. Mais ce doux rêveur aura au moins eu un mérite : celui d'associer une femme à l'aventure lunaire. Les États-Unis, forts de leurs six voyages sur notre satellite, n'ont, eux, jamais eu cette attention.

Les fondus de la cuisinière en fonte

M. ANGLADE et M. RUQUIER, forains

Dans son édition du dimanche 28 janvier 1923, le journal *Le Matin* rapporte :

« Hier a eu lieu, en salle de la cour d'assises de Versailles, la dernière vente des objets mobiliers ayant appartenu à feu Landru. M. Béguin, receveur des domaines, a réalisé un chef-d'œuvre de mise en scène.

Au centre du prétoire, le plus près du siège où se tint le président Gilbert, resplendit la cuisinière – c'est d'ailleurs une façon de parler. Elle resplendit par son seul prestige car depuis qu'en prit soin la dernière fiancée, personne ne s'est préoccupé de la passer à la pâte à reluire.

Au-dessus de la cuisinière, en panoplie, des ciseaux, des cisailles, des scies, des couperets. »

Mais aussi des fers à friser et à onduler « auxquels des cheveux adhèrent encore », des valises, des peignes en imitation écaille, des vêtements, des pneus (!) et encore « d'immondes choses grises qui ont la couleur même de la misère ».

La salle est comble. La vente peut commencer.

« Un très banal encrier de verre, mais dans lequel Landru trempa son joli brin de plume » fait 50 francs. Une paire de souliers argentés, 2,50 francs. Un pilon de cuisine « peu appétissant », 7 francs. Un ruban bleu pâle et une épingle à cheveux, 3 francs. Une ceinture cartouchière, 19 francs. Un petit porte-monnaie à deux sous, 22 francs. « C'est de la folie ! »

« Mais une immense clameur s'élève. Des hommes de peine amènent au premier rang la cuisinière.

– J'ai besoin de silence ! s'écrie M. Béguin.

Et il ajoute :

– J'ai preneur à 500 francs

Une voix répond :

– 1 500 francs !

– 3 000 francs ! crie un autre.

Les enchères se multiplient. On en est déjà à 4 000 francs.

Un temps d'arrêt.

– Personne au-dessus de 4 000 francs ?

L'enchère reprend :

– 4 200 francs.

Le crieur, humoristique, pousse, en disant :

– Y en a qu'une, vous savez !

Enfin, la cuisinière est adjugée à 4 200 francs au forain Anglade. »

Drôle d'époque. En effet, aujourd'hui, personne ne songerait à qualifier le directeur (en l'occurrence la directrice) du musée Grévin de « forain »...

Après avoir trôné durant quelques années au milieu des statues de cire de M. (le forain-directeur) Anglade, la cuisinière en fonte de Gambais rejoignit, en 1932, une collection privée, aux États-Unis, avant de repasser aux enchères, en France, en 2005. C'est de nouveau un forain qui emporta la mise. Ou, pour parler comme aujourd'hui, « un parolier-écrivain-dramaturge-producteur et animateur de télévision » : Laurent Ruquier.

DU BOIS DONT ON FAIT LES HÉROS

GABRIEL MARÉCHAL PÉTAIN PÉRI, chêne

Date de naissance : vers 1680. Hauteur : 41 mètres. Circonférence : 3,70 mètres. Volume : 23 mètres cubes.

Le moins que l'on puisse dire, c'est que ce beau chêne de la forêt domaniale de Tronçais (Allier), que Colbert avait fait semer en vue de fournir un jour la marine du Roi-Soleil, a vécu bien des aventures.

Après avoir échappé à l'enrôlement dans les armées navales de Sa Majesté, supporté des siècles d'orages, de soleil et de grêle et abrité des générations d'oiseaux, il fut, à l'aube de ses deux cent soixante ans, au mois de novembre 1940, offert au maréchal Pétain qui, au cours d'une jolie cérémonie, le marqua au tronc « de trois empreintes du marteau de l'État et d'une empreinte de son marteau particulier[81] ».

81 Procès-verbal de mise en réserve du « Maréchal Pétain », sur le site Internet de l'Association nationale des anciens combattants et ami(e)s de la Résistance, comité de l'Allier.

« Le Maréchal est aussi grand que le chêne ! » s'écria un participant sous les hourras de la foule, les flonflons de l'orchestre et les crépitements des flashs des nombreux journalistes présents ce jour-là.

Durant des années, le pied ceinturé de fils de fer barbelés, le « Maréchal Pétain », comme on l'appelait désormais, étendit ses ombrages vert-de-gris au-dessus de son royaume.

Jusqu'à cette nuit du 13 février 1944 où trois courageux bûcherons du pays, Julien Vincent, André Brodin et Charles Rougelin, s'en vinrent arracher la plaque « Chêne Maréchal Pétain » pour la remplacer par la plaque : « Chêne Gabriel Péri », du nom d'un député communiste fusillé par les nazis en 1941.

Et voici comment ce grand arbre, qui n'avait jamais rien fait ni rien demandé à personne, passa, en moins de temps qu'il n'en faut pour l'écrire, du statut de collabo à celui de résistant.

Un bien bel exemple que, quelques mois plus tard, à la Libération, plusieurs centaines de milliers de Français – qui étaient loin d'être du même bois innocent dont était fait le héros de la forêt de Tronçais – s'empressèrent d'imiter.

La muse de Gauguin

TEHA'AMANA, femme modèle

Lorsqu'il la rencontra à Tahiti, vers le milieu de l'année 1892, elle n'avait que treize ans. Il en avait, lui, quarante-quatre. Après s'être mis d'accord avec ses parents, il la demanda en mariage en ces termes :

« Tu n'as pas peur de moi ?

– Non.

– Veux-tu toujours habiter ma case ?

– Oui.

– Tu n'as jamais été malade ?

– Non[82]. »

Durant près de deux ans, cette jeune vahiné

82 Gauguin Paul, *Noa Noa*, éditions Mille et une nuits, 1998.

originaire de Rarotonga, dans les îles Cook, sera, pour Paul Gauguin, qu'elle a rebaptisé Koké, une épouse parfaite, discrète, débrouillarde, docile et aimante. Son nez épaté, ses lèvres charnues, ses hanches et ses jambes robustes enchantent l'homme et inspirent l'artiste. Au côté de cette jeune fille dont le nom signifie « donneuse de forces » en tahitien, il retombe presque en enfance, retrouve l'envie de peindre et le bonheur de vivre qui l'avaient quitté lorsqu'il vivait en métropole. Il écrit : « Chaque jour au petit lever du soleil, la lumière était radieuse dans mon logis. L'or du visage de Teha'amana inondait tout l'alentour et tous deux dans un ruisseau voisin nous allions naturellement, simplement comme au paradis nous rafraîchir[83]... »

En quelques mois seulement, l'amoureux transi accumule près de soixante-dix toiles (dont plusieurs représentent son joli modèle) et une douzaine de sculptures en bois « ultra sauvages » qui feront l'écœurement du public et des critiques parisiens à qui il viendra les présenter, en novembre 1893, chez le galeriste Durand-Ruel[84].

Miné par cet échec, éprouvé par la mort soudaine de sa fille préférée, Aline, Gauguin, rentré à Tahiti, sombre dans la dépression. Les gestes tendres et la beauté sauvage de Teha'amana n'y feront rien. Après une tentative de suicide à l'arsenic, il quitte Tahiti, en 1901, pour les Marquises où il espère refaire sa vie. Quant à Teha'amana, il la laissa sur son île, comme autrefois ce salaud de Thésée abandonna Ariane sur celle de Naxos.

83 HUYGHE René, *Le Carnet de Paul Gauguin*, éditions Quatre Chemins-Editart, 1952.
84 Au 11 de la rue Le Peletier, dans le 9e arrondissement. À l'époque, le public avait coutume de qualifier la galerie de Durand-Ruel de « maison de santé mentale ». Sur les soixante-six toiles qu'il exposa, Gauguin n'en vendit que onze.

Le petit diable de Léonard de Vinci

GIAN GIACOMO CAPROTTI, dit Salaï, favori

Il n'avait que dix ans, lui, lorsque Léonard de Vinci, qui en avait trente-huit, le rencontra pour la première fois. C'était le 22 juillet 1490, dans le domaine viticole que le père de l'enfant, Pietro di Giovanni, louait aux portes de Milan. Aussitôt qu'il le vit, Léonard s'enticha de lui. Il avait deviné sa beauté derrière la crasse et sous les cheveux noirs bouclés remplis de brindilles. Contre quelques florins, il en débarrassa le père qui ne savait pas quoi en faire.

Durant presque vingt-neuf ans, ce jeune inculte au visage d'ange lui servit presque à tout : de serviteur, d'accompagnateur, de modèle, de confident, d'amant surtout… Dire que les trois décennies qu'ils passèrent ensemble furent de tout repos serait un mensonge. Combien de fois Léonard n'eut-il pas à se plaindre de lui ? Il se tenait mal à table, était sale, fouillait dans les bourses des invités pour aller s'acheter des bonbons à l'anis. Mais ce garçon, qu'il avait fini par surnommer Salaï (« petit diable »), le tenait par le cœur, et le reste, et il lui pardonnait tout. Il le vêtit de velours et d'argent, l'initia à la peinture, l'entraîna à Rome, à Florence, à Mantoue, à Venise, lui présenta les grands de ce monde. Mais Salaï continuait, au milieu de toutes ces merveilles, à faire sa gueule d'enfant terrible et à patauger dans les plats. Car cette vie n'était pas la sienne.

Le soir, couché dans le lit de son maître ronflant repu, il écoutait les bruits qui montaient du dehors : il rêvait de bagarres dans des ruelles obscures, de tripots où le vin coule comme une brûlure, de femmes… Au matin, il cassait tout : les vases, les pots, les assiettes. Il criait qu'il en avait assez, qu'il voulait partir… Et il partait effectivement. Mais il n'avait pas fait trois pas que la peur le prenait. Où irait-il ? Et avec quel argent ? Il croyait tenir Léonard, c'est Léonard qui le tenait. Il rentrait, penaud, et il trouvait écrit, au bas de la liste de courses que son maître lui avait laissée sur la table de la cuisine à côté d'une paire de bottines roses déposée comme une offrande : « Salaï, je veux faire la paix avec toi, pas la

guerre. Plus jamais la guerre, car je capitule[85]. »

En 1516, lorsque Léonard se brouilla avec le pape, il l'emmena en France, chez le roi François, à dos de mule. Un autre les accompagnait : Francesco Melzi, un jeune Milanais de vingt-quatre ans dont Léonard était éperdument tombé amoureux huit ans plus tôt. Le vieux peintre âgé de soixante-quatre ans ne jurait plus que par lui. Il l'appelait « mon assistant » quand il ne voyait plus en Salaï qu'un « serviteur ». Il avait même décidé d'en faire son exécuteur testamentaire. Alors, pour se venger d'eux, Salaï eut une idée ; une idée digne du petit brigand qu'il n'avait jamais cessé d'être.

Des mois durant, il fit le siège de Léonard qui, lentement, s'approchait de la tombe. Il le caressa, le choya, le soigna et, les larmes aux yeux, le supplia de lui offrir quelques tableaux qu'il garderait en souvenir de lui, comme cette *Joconde* qu'il disait tant aimer. Il finit par l'obtenir, *La Joconde*, et quelques autres encore, comme le *Saint Jean-Baptiste* ou la *Léda*. Sitôt qu'il les eut, il s'empressa de les revendre à prix d'or au roi de France, en 1518. Puis il s'enfuit à Milan. *Ciao* Léonard ! *Arrivederci* Salaï ! Gian Giacomo était enfin libre et riche. Si riche qu'il lui en restait encore, six ans plus tard, lorsque, au cours d'un duel, un jour de mars 1524, un carreau d'arbalète lui transperça le cœur[86].

85 Bramly Serge, *Léonard de Vinci*, JC Lattès, 1988.

86 D'après l'historien d'art Bertrand Jestaz, Salaï aurait vendu les toiles pour la somme, faramineuse à l'époque, de 2 604 livres 4 sols 4 deniers tournois, ce qui, pour se faire une idée, correspond à près d'une tonne d'argent. Voir « François Ier, Salaï et les tableaux de Léonard », *Revue de l'Art*, numéro 1, 1999.

Le gardien de l'Everest

TSEWANG PALJOR, dit « Green Boots », agent de police

Les trois alpinistes indiens Tsewang Samanla, Dorje Morup et Tsewang Paljor ont-ils été les premiers hommes à atteindre le sommet de l'Everest par la voie nord-est, le 10 mai 1996 ? La question reste posée. Si Samanla l'affirma par radio, certains, se basant sur les témoignages de grimpeurs japonais présents au même instant sur le site, pensent plutôt que les mauvaises conditions météorologiques leur ont fait croire qu'ils avaient touché au toit du monde alors qu'ils s'en trouvaient encore éloignés de cent cinquante mètres.

Sommet ou pas, aucun des trois Indiens ne reviendra vivant. On ne retrouvera que le corps momifié de Tsewang Paljor, vingt-huit ans, agent de police dans le civil, gisant à 8 500 mètres d'altitude, recroquevillé sur lui-même sous un dérisoire abri rocheux, entouré de plusieurs bouteilles d'oxygène. Trop haut pour être redescendu, il y est encore. Il porte une doudoune rouge, un pantalon bleu et des chaussures vert fluo de marque Koflach. Tous ceux qui entreprennent l'ascension de l'Everest par la voie nord-est connaissent et apprécient « *Green Boots* », comme l'ont surnommé les premiers alpinistes qui sont passés près de lui sans savoir qui il était. Il leur indique, au moment où ils le rencontrent, qu'ils ne sont plus qu'à trois cent quarante-trois mètres du sommet.

Le mort de la tour Eiffel

ANGELO SCAGLIOTTI, ouvrier funambule

Vendredi 24 mai 1889. Pour impressionner sa femme et ses trois enfants venus lui rendre visite au premier étage de la tour Eiffel où il répare un ascenseur, Angelo Scagliotti monte sur une poutrelle, marche quelques mètres, sourit, et tombe. Il est le premier – et le seul – des deux cent cinquante ouvriers employés par Gustave Eiffel pour la construction de sa Tour qui se soit tué sur le monument.

Depuis cette date, trois cent soixante-dix personnes lui ont (volontairement ou non) emboîté le pas.

Les dernières heures de Cléopâtre

IRAS ET CHARMION, servantes

Marc-Antoine s'était suicidé. Césarion, le fils que Cléopâtre avait eu avec Jules César, avait été précipitamment envoyé à Méroé, en Nubie, avec son précepteur Rhodon. Octave-Auguste, l'empereur de Rome, le neveu et fils adoptif de César, avait gagné. C'en était fini du grand rêve qui avait fait croire à la grande reine d'Égypte qu'elle pourrait, un jour, à force d'amour et d'intrigues, régner sur l'Orient et tenir son royaume à l'abri des griffes acérées de la Louve.

Le 12 août 30 avant J.-C., après avoir été conduite devant son vainqueur vêtue d'une simple tunique, Cléopâtre alla s'enfermer avec ses deux plus fidèles servantes dans la pièce encombrée d'or et de marbre qui allait lui tenir lieu de tombeau.

Durant près de trois heures, Iras, sa confidente, et Charmion, sa camériste, préparèrent leur maîtresse à la mort et à ses retrouvailles avec Marc-Antoine. Elles la baignèrent longuement, la coiffèrent, la maquillèrent, la parèrent de ses bijoux et de ses habits royaux avant de lui servir un repas somptueux au menu duquel figurait peut-être, au milieu des volailles parfumées de cannelle et d'aneth, la sœur jumelle de l'énorme perle qu'elle avait autrefois dissoute dans le vinaigre pour impressionner Marc-Antoine[87]. Puis vint l'heure. Les conditions dans lesquelles Cléopâtre et ses servantes mirent fin à leurs jours divergent : ont-elles, comme le veut la légende, offert leur bras à des aspics cachés dans un panier de figues ? Se servirent-elles plutôt, comme le suggère Plutarque dans sa *Vie d'Antoine*[88], d'une épingle creuse remplie de poison qu'elles cachaient dans leur chevelure ? La question reste posée. Mais quel que fût le mode opératoire, le résultat fut le même. Lorsque Octave, inquiet de n'avoir plus de nouvelles, fit défoncer la porte des appartements de Cléopâtre, il trouva cette dernière morte, allongée, sereine, sur un grand lit d'or. À ses pieds, Iras gisait. Quant à Charmion, chancelante et appesantie, elle arrangeait le diadème autour de la tête de la reine.

« Voilà qui est beau ! s'écria un soldat d'Octave, en découvrant la scène.

– Très beau, répondit Charmion sans se retourner, et digne de la descendante de tant de rois[89]. »

Puis elle s'empressa d'aller rejoindre Iras qui, dans l'au-delà, avait déjà commencé à servir sa maîtresse.

---

87 Dans son *Histoire naturelle* (livre X), Pline raconte comment Cléopâtre avait gagé avec Marc-Antoine qu'elle engloutirait 10 millions de sesterces en un seul repas. Au cours d'un banquet, elle fit dissoudre dans une coupe de vinaigre l'une « des deux plus grosses perles de tous les temps » qui étaient en sa possession et l'avala. Alors qu'elle s'apprêtait à faire de même avec la deuxième, Lucius Plancus, un proche de Marc-Antoine, arrêta son geste en déclarant qu'elle avait gagné. Voir Pline l'Ancien, *Histoire naturelle*, Gallimard, coll. « La Pléiade », 2013.
88 Plutarque, *La Vie d'Antoine*, éditions Belles lettres, 2015.
89 In *La Vie d'Antoine*, *op. cit.*

L'envoyé de Lapérouse

JEAN-BAPTISTE-BARTHÉLEMY DE LESSEPS, oncle de et diplomate

Il n'a pu retenir ses larmes, ce 29 septembre 1787, lorsque, après deux ans du formidable périple qui lui a fait sillonner les mers du globe au côté de Lapérouse et de Langle[90], il a dû dire adieu à ceux-ci sur les rives quasi désertiques de la péninsule de Kamchatka, à l'extrême pointe de la Russie septentrionale. Il aurait tant aimé poursuivre l'aventure… Mais Lapérouse, malgré l'affection qui le lie à Lesseps et l'émotion qui lui étreint le cœur à l'idée de l'abandonner sur ces rivages hostiles, est resté ferme. Il tient à ce que son interprète polyglotte[91], âgé d'à peine vingt et un ans, rapporte en France l'ensemble des documents qui ont été amassés durant la première partie de l'expédition : deux énormes caisses remplies de parchemins. Lapérouse y a joint une lettre de recommandation pour Lesseps à l'intention du comte

90 Jean-François de Lapérouse commandait *La Boussole*, Paul Fleuriot de Langle, *L'Astrolabe*.

91 Lesseps, en plus du français, parlait couramment l'allemand, le russe et l'espagnol.

de la Luzerne, ministre et secrétaire d'État à la Marine française, et qui dit : « M. de Lesseps, que j'ai chargé de mes paquets, est un jeune homme dont la conduite a été parfaite pendant toute la campagne, et j'ai fait un vrai sacrifice à l'amitié que j'ai pour lui en l'envoyant en France. (...) J'ai cru qu'un voyage par terre au travers de ce vaste empire lui procurerait les moyens d'acquérir des connaissances utiles à notre commerce, et propres à augmenter nos liaisons avec ce royaume[92]. »

Durant plusieurs heures, assis sur un rocher, Lesseps a regardé les voiles de *L'Astrolabe* et de *La Boussole* s'enfuir dans le lointain, se demandant s'il les reverrait un jour. Puis, lorsqu'il a été certain que les frégates ne reviendraient plus, il s'est tourné vers la terre. Et son extraordinaire voyage a commencé.

Il lui faudra plus d'un an pour rejoindre la France. Un an auprès duquel le tour du monde de Phileas Fogg passerait presque pour une promenade de santé. Accompagné par quelques autochtones, se guidant à la boussole, progressant tantôt à cheval ou en traîneau, tantôt à pied, en barque ou en bateau, Lesseps affrontera vaillamment les seize mille kilomètres d'étendues glacées qui le séparaient de Versailles. Le récit qu'il publia de son expédition, en 1790[93], fait froid dans le dos, au propre comme au figuré : températures polaires, manque de bois et de nourriture, dysenterie, peuplades hirsutes et belliqueuses, falaises infranchissables ne furent que quelques-unes des innombrables difficultés auxquelles il fut confronté durant les trois cent quatre-vingt-quatre

92 Lesseps (de) Barthélemy, *Le Messager de Lapérouse, du Kamchatka à Versailles*, éditions Pôles d'images, 2004.

93 Le livre parut sous le titre : *Journal historique du voyage de M. de Lesseps, consul de France, employé dans l'expédition de M. le comte de la Pérouse, en qualité d'interprète du roi*, Imprimerie Royale, 1790. L'ouvrage a été republié sous le titre *Le Messager de Lapérouse*. Voir *supra*.

jours que dura son calvaire. Plusieurs fois il crut mourir, comme ce jour où, tombé de cheval dans un torrent glacé, il ne dut sa survie qu'au réflexe qui lui fit agripper la bride. Ou comme cet autre où, jeté à bas de son traîneau lancé à toute allure, la jambe prise dans une lanière, il fut traîné sur la glace sur plusieurs centaines de mètres.

Lorsqu'il arriva enfin à Versailles, vêtu de peaux de renard rouge et de mouflon, le 17 octobre 1788 à 3 heures de l'après-midi, on peina longtemps à le reconnaître. La stupeur passée, on l'emmena ainsi accoutré devant le roi qui l'embrassa, lui donna à manger et à boire et lui offrit, en guise de remerciement pour le service qu'il venait de rendre à la grandeur de la France, le poste de consul à Crondstat, une petite ville russe située sur la mer Baltique[94].

94 Louis XVI eut à peine le temps de jeter un coup d'œil aux innombrables documents que l'envoyé de Lapérouse lui avait rapportés au péril de sa vie : au mois de mars 1789, la réunion des États-Généraux lui fit brusquement, et à regret,

Si les événements de la Révolution ne lui permirent pas de s'y rendre, il retourna en Russie quelques années plus tard, d'abord à Saint-Pétersbourg, en 1802, en qualité de commissaire général des relations commerciales, puis à Moscou, en 1812, au côté de Napoléon et de sa Grande Armée. Il officia là-bas comme intendant de la ville jusqu'à ce que l'Empereur, face à l'hiver qui approchait, décidât de rentrer en France, entraînant dans la mort des centaines de milliers d'hommes. Sera-t-on surpris d'apprendre que Lesseps, une fois encore, survécut à cette horrible traversée ?

Il passa les quelque vingt-deux ans qui lui restaient à vivre sous le doux soleil de Lisbonne où il occupa la charge de consul général de France. Il mourut à l'âge de soixante-huit ans, le 26 avril 1834, non sans avoir eu le chagrin d'apprendre, six ans plus tôt, qu'un capitaine irlandais du nom de Peter Dillon avait retrouvé les restes de l'expédition de Lapérouse, engloutis par douze mètres de fond, devant la petite île volcanique de Vanikoro, dans le Pacifique Sud.

fermer le grand livre d'aventures que Lapérouse avait commencé de lui écrire. Le 21 janvier 1793, au moment de monter sur l'échafaud, il se désespérait de n'en avoir toujours pas lu la suite.

un duel surréaliste

RENÉ DAUMAL,
écrivain

Au mois de mai 1930, René Daumal, un jeune écrivain rémois âgé d'à peine dix-huit ans, fut provoqué en duel par André Breton. Et même s'il ne s'agit jamais que de se battre avec une plume, ce fut un vrai duel.

Voici les faits : au cours d'une réunion dans un café parisien, « le pape du surréalisme » reprocha violemment à Daumal et à quelques-uns de ses amis – qui publiaient leurs textes dans une revue à connotation surréaliste intitulée *Le Grand Jeu* – d'avoir, et à plusieurs reprises, employé le mot Dieu. Il leur tint également grief de préférer Landru à Sacco et Vanzetti, d'avoir soutenu les initiatives d'Artaud au théâtre Alfred Jarry et, surtout, d'avoir « fait l'éloge » du préfet de police Chiappe, véritable bête noire des surréalistes.

Mais pressentant tout de même quelques qualités chez ces jeunes gens qui, comme lui, cherchaient à pénétrer le revers des choses, Breton se montra magnanime et leur proposa, du haut de son insigne grandeur, de rejoindre son groupe.

La réplique de Daumal ne se fit pas attendre. Elle parut, tranchante, dans le numéro 3 de la revue du *Grand Jeu* sous le titre : « Lettre ouverte à André Breton ». Elle vaut son pesant d'or… « En garde… Prêt… Allez ! »

Paf ! Un coup d'estoc pour commencer : « Quiconque voudrait, du dehors, attirer l'un de nous avec la conviction naïve qu'il n'a affaire qu'à un individu ne provoquerait que notre rire. »

Zim ! Deux coups de taille pour continuer : « L'activité surréaliste n'est que confusion, trompe-l'œil et maladresse. » « J'irais vers vous pour me livrer à vos petits jeux de société, à ces dérisoires et piétinantes recherches vers ce que vous nommez improprement le "surréel" ? »

Il faut dire que les expériences que Daumal et ses amis (Roger Gilbert-Lecomte, Rolland de Renéville, Roger Vailland, Pierre Minet, Artür Harfaux, pour ne citer qu'eux) menaient pour tenter de passer de l'autre côté du décor et prendre le goût tout entier de soi-même n'avaient pas grand-chose à voir avec l'écriture automatique et les autres « jeux pittoresques » sur l'inconscient que proposait Breton. Qu'on en juge : tentatives de voyage dans l'astral, prises d'opium, expériences limites avec la mort à grandes inspirations de tétrachlorure de carbone, roulette russe, essais de « vision extrarétinienne » sous la responsabilité d'un disciple de Jules Romains…

Non, vraiment, si Breton se figurait que Daumal et ses amis allaient le rejoindre, il se fourrait le doigt dans l'œil. Et Daumal de conclure d'une formidable touche :

« Prenez garde, André Breton, de figurer plus tard dans les manuels d'histoire littéraire… »

On eût pu croire qu'après cette charge Breton allait mettre genou à terre. Mais l'homme, protégé par une épaisse armure d'orgueil, resta debout. Il regarda les membres de son groupe avec de gros yeux et menaça de passer au fil de son épée toute tordue quiconque sourirait. Mieux même : plusieurs des témoins de Daumal, Roger Vailland le premier, impressionnés de voir que les coups de leur champion ne portaient pas, changèrent d'âme et de camp. Et c'est ainsi que, faute de combattants, l'aventure du *Grand Jeu* prit fin.

Breton, contre toute attente, et fidèle à son principe d'union des contraires, avait donc remporté le combat qu'il avait perdu. Mais Daumal, bien qu'il ne fût plus là pour le voir[95], eut tout de même sa revanche : aujourd'hui, c'est Breton, et lui seul, qui figure dans les manuels d'histoire littéraire.

95 Il est mort en 1944, à l'âge de trente-six ans.

La promesse faite à Freud

MAX SCHUR, médecin

Lorsqu'il est entré dans la chambre de Sigmund Freud, ce 21 septembre 1939, Schur a tout de suite vu qu'il n'y avait plus rien à faire. Le cancer qui ronge la mâchoire du célèbre psychanalyste autrichien depuis près de treize ans et qui lui a valu, en plus de passer trente et une fois sur le billard, de porter une énorme prothèse qu'il appelle « le monstre » a fini par avoir raison de ses forces et de sa volonté. Il souffre tellement qu'il a à peine la force de tourner la tête vers son ami médecin et de lui murmurer : « Rappelez-vous votre promesse… »

Cette promesse, Schur la lui a faite onze ans plus tôt, bien avant qu'ils ne s'enfuient ensemble à Londres pour échapper à la barbarie nazie. C'était à Vienne, en 1928. Missionné par Marie Bonaparte, une patiente, amie de Freud, il était allé examiner le malade chez lui, au 19 de la rue Bergasse : « Promettez-moi, lui avait alors demandé

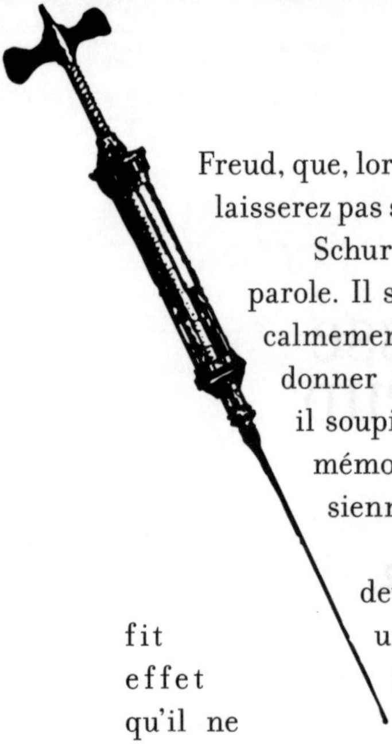

Freud, que, lorsque le moment viendra, vous ne me laisserez pas souffrir inutilement[96]... »

Schur était un homme de mémoire, et de parole. Il serra la main de son ami et, le plus calmement du monde, lui dit qu'il allait lui donner une sédation adéquate. « Soulagé, il soupira, écrira Schur plus tard dans ses mémoires, et, gardant ma main dans la sienne, il me dit : "Je vous remercie."[97] »

Schur prépara une seringue de deux centigrammes de morphine. Il lui fit une première injection qui eut pour effet immédiat de soulager Freud avant qu'il ne s'endorme paisiblement. Douze heures plus tard, Schur renouvela l'opération. Alors Freud sombra dans le coma. « Personne au fond ne croit à sa propre mort, avait un jour écrit le psychanalyste. Dans l'inconscient, chacun de nous est convaincu de son immortalité[98]. » Pour lui, l'illusion prit fin le 23 septembre 1939, à 3 heures du matin.

---

96 Dadoun Roger, *Sigmund Freud*, L'Archipel, 2015.
97 Schur Max, *La Mort dans la vie de Freud*, Gallimard, coll. « Tel », 1982.
98 Freud Sigmund, *Essais de psychanalyse*, « Considérations actuelles sur la guerre et la mort (1915) », Payot, 1995.

Rue royale

FRANÇOIS DUTHU et JULIE BÊCHEUR, commerçants

Le 6 avril 2004, François Duthu, pâtissier, entra dans la gloire et dans l'histoire (de la rue Montorgueil, à Paris), en offrant, tout sourires, un gros œuf de Pâques en chocolat à la reine d'Angleterre de passage dans le quartier. Depuis cette date, un tourniquet placé devant la vitrine de la pâtisserie expose à la vente (pour 1 euro et 30 centimes seulement) les clichés de cette royale entrevue.

En 1792, Julie Bêcheur, dite « Rose de mai », une autre marchande de la rue Montorgueil, fut guillotinée par les révolutionnaires pour « acte de sympathie » envers la monarchie. Quelques mois plus tôt, elle était allée trouver Louis XVI pour lui faire part des doléances des commerçantes du quartier des Halles qui se plaignaient des taxes qu'elles devaient acquitter. Elle était revenue enchantée de son entrevue : non seulement elle avait obtenu ce qu'elle voulait, mais le roi l'avait invitée à déjeuner et Marie-Antoinette, trouvant qu'elle ressemblait à sa propre mère, Marie-Thérèse, reine d'Autriche, lui avait même fait la bise avant de partir.

L'histoire ne repasse pas toujours les plats. Heureusement pour la tête de M. Duthu.

Poudre aux yeux

JOHN TAYLOR,
ophtalmologue

Il a débarqué à Leipzig le 28 mars 1750, dans un carrosse tout décoré d'yeux multicolores et flanqué d'une bannière sur laquelle était écrit en grosses lettres rouges : *Qui dat videre dat vivere* (« Qui donne la vue, donne la vie »).

Cela faisait plusieurs semaines qu'on l'attendait. Beaucoup, même, n'en fermaient plus l'œil de la nuit. Son arrivée avait été annoncée par tous les journaux de la région. Pensez ! L'ancien oculiste du roi d'Angleterre et de Sa Sainteté le pape, le prince de la cataracte, du strabisme et des glaucomes réunis avait choisi de s'arrêter quelques jours à Leipzig pour dispenser son savoir et rendre la lumière aux infortunés que la maladie ou la vieillesse avait plongés dans les ténèbres.

Sur le dépliant que l'ophtalmologue itinérant avait coutume d'envoyer à la presse et aux municipalités peu avant son arrivée, on pouvait lire ceci : « Chevalier John Taylor, Oculiste Pontifical, Impérial et Royal ; Oculiste des Rois de Pologne, de Danemark, de Suède, des Électeurs du Saint-Empire, des princes de Saxe-Gotha, de Mecklembourg, d'Ansbach, de Brunswick, de Parme, de Modène, de Zerbst, de Lorraine, de Saxe, de Hesse-Cassel, de Holstein, de Salzbourg, de Bavière, de Liège, de Bayreuth, de la Géorgie, etc. »

Mais tous ces titres ronflants n'étaient que de la frime. Alors oui, l'homme avait été parfois amené à s'occuper des mirettes de quelques grands d'Europe ; mais ce qu'il se gardait bien de préciser, c'est que, à chaque fois, ces derniers avaient fini par le mettre hors de leurs palais de la même façon que le baron de Thunder-ten-tronckh avait chassé Candide de son royaume : à grands coups de pied dans les fesses.

Il faut dire que ses méthodes ressemblaient plus à celles d'un bourreau que d'un médecin. Passe encore qu'il enfonçât sans anesthésie sa *spatula* dans le cristallin de ses patients – tous les ophtalmos d'alors agissaient de même ; mais qu'il badigeonnât le résultat de ses opérations d'une préparation à base de mercure, de sang de pigeon, de sucre pulvérisé, de sels, et qu'il laissât tout ça macérer durant six jours derrière un bandage noir, voilà qui n'appartenait qu'à lui et n'arrangeait généralement pas l'état de ceux qui venaient le consulter.

Mais ce 28 mars 1750, Taylor avait, une nouvelle fois, couru plus vite que sa mauvaise réputation. Tout ce que Leipzig comptait d'aveugles ou de malvoyants était venu le supplier de lui rendre la lumière. À commencer par Jean-Sébastien Bach dont la cataracte avait, au fil des années, rendu ses yeux blancs et vitreux et qui, comme l'écrivit son fils, « mû en partie par le désir de servir Dieu et son prochain des forces toujours vives de son âme et de son corps, en partie par les conseils de certains de ses amis qui avaient grande confiance en ce médecin, voulut remédier à cette maladie[99] ».

« J'ai beaucoup travaillé, expliqua un jour modestement Jean-Sébastien Bach. Quiconque travaillera comme moi pourra faire ce que j'ai fait[100]. » Qu'il nous soit permis d'en douter.

En revanche, on peut être tout à fait certain que quiconque aurait travaillé comme Taylor aurait obtenu exactement le même résultat que lui : quatre mois après son opération, Jean-Sébastien Bach mourut d'une infection, complètement aveugle.

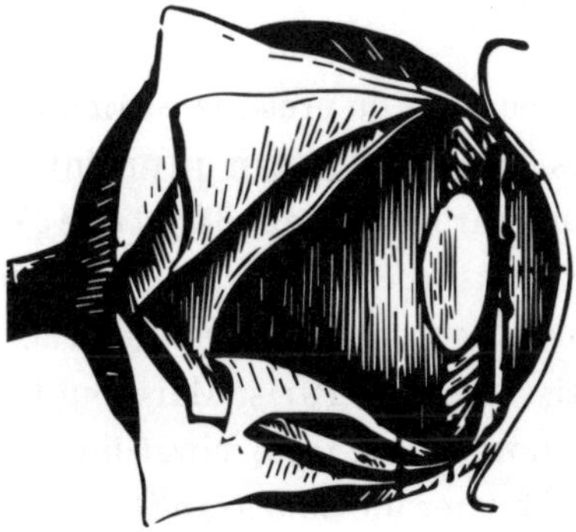

99 Carl Philipp Emanuel Bach et Johann Friedrich Agricola, *Nécrologie de Johann Sebastian Bach* (trad. G. Cantagrel).
100 *Dictionnaire des compositeurs*, Encyclopedia Universalis, 2013.

À L'AUBERGE DU BON PASTEUR

JOSEPH MEISTER, boulanger-concierge

Tout le monde – ou presque – sait qu'il fut l'un des tout premiers, alors qu'il n'était qu'un enfant, à avoir été sauvé de la rage par Pasteur en 1885 et que c'est en grande partie grâce à ce succès que le biologiste put, trois ans plus tard, ouvrir son célèbre institut, rue Dutot, dans le 15e arrondissement de Paris. Mais tout le monde – ou presque – ignore qu'en 1913, vingt-huit ans après les faits, le petit Meister (devenu grand) s'en revint frapper

chez Pasteur dans l'espoir, cette fois-ci, d'être sauvé de la misère : faute de clients, le four de sa boulangerie familiale de Steige (Alsace) n'était plus qu'un gros trou tout noir dans lequel il n'enfournait plus que de la poussière. Pasteur était mort depuis dix-huit ans mais son successeur, le Dr Émile Roux, reconnaissant, derrière la moustache, l'enfant à qui il devait aujourd'hui son salaire, offrit bien volontiers à ce dernier une place de concierge.

Tout au long de sa carrière, Joseph s'acquitta au mieux de sa tâche, veillant notamment à réserver à son bienfaiteur la primeur des journaux et des revues scientifiques arrivés par le courrier du matin. Personne n'eut jamais à se plaindre de lui. Une porte grinçait ? Un fusible sautait ? Joseph accourait dans sa blouse blanche à gros boutons, ouvrait sa caisse à outils, se lissait la moustache, ajustait ses lorgnons et, en un tournemain, vous réparait tout ça.

Durant tout le temps qu'il passa à l'institut, Meister fut témoin de bien des découvertes : implication des anticorps sur le système immunitaire (1919), résolution du mystère de la transmission du typhus (1928), mise au point d'un vaccin contre la fièvre jaune (1932)...

Dommage que, parmi tous les grands savants qu'il croisa quotidiennement, pas un seul n'ait jamais songé à mettre au point un vaccin contre le désespoir : le 13 juin 1940, effrayé par l'avancée des Allemands, Joseph enjoignit à ceux qui étaient devenus sa femme et ses enfants de fuir Paris pour se mettre à l'abri. Sans nouvelles d'eux dix jours plus tard, persuadé, à tort, qu'ils étaient morts, l'ancien boulanger de Steige mit la tête dans le petit trou tout noir du four de son appartement et ouvrit le gaz.

L'ONCLE D'ASTÉRIX

MARCEL UDERZO,
frère de

Vous vous souvenez, dans *Le Cadeau de César*, quand Bonemine, la femme du chef, croise sa rivale, Angine ? Elle lui adresse un « Bonjour » si glacial que des stalactites pendent de la bulle… Eh bien entre Albert Uderzo et son petit frère Marcel, c'est pareil. Sauf qu'avec eux, c'est beaucoup moins drôle. Chaque fois que ces deux-là se rencontrent, c'est gaspacho à la grimace : « Nous ne nous voyons plus, expliquera un jour Marcel, mais nous nous saluons aux enterrements familiaux[101]. »

Tout avait pourtant bien commencé entre les deux frangins, un peu comme au début d'une aventure d'Astérix où « tout est paisible dans le petit village que

101 Voir le site BD Paradisio à l'adresse suivante : http://bdparadisio.com/scripts/ForItems.cfm?IdSubject=0721124134.

nous connaissons bien ». Après avoir travaillé à la fabrication de guitares pour son luthier de père, Marcel, qui possède un bon coup de crayon, s'en alla, dans le milieu des années 1960, rejoindre son frère à Nulliacum[102], une banlieue chic de Lutèce, pour lui filer un coup de main sur la saga Astérix. Entre 1965 et 1979, Marcel devait non seulement encrer, lettrer et coloriser seize aventures du petit Gaulois mais également s'occuper, durant cette même période, de tous les droits dérivés de la série en créant des illustrations originales.

Oui, mais voilà. Entre-temps, Tullius Detritus, le semeur de zizanie, allait passer par là avec ses bulles toutes vertes… Et Marcel de raconter :

« En accord avec son scénariste, mon frère ne parlait jamais de moi, ni à l'époque où, par mon travail, je participais à la sortie de deux albums par an, encore moins maintenant. Depuis, plusieurs avocats m'ont suggéré que c'est probablement la peur que je leur demande des droits d'auteur qu'on me planquait dans les placards (*sic*), alors qu'à l'époque je ne pensais vraiment pas à ça, je voulais juste apprendre mon nouveau métier et faire au mieux. Je me serais seulement contenté d'être reconnu par ces deux auteurs que j'admirais pour leur talent[103]. »

Bref, la prochaine fois que vous lirez une BD d'Astérix, ayez une petite pensée pour ce travailleur de l'ombre que fut Marcel. Et si vous craignez de l'oublier, permettez-moi de vous donner un petit truc infaillible. Visualisez la scène finale du banquet et dites-vous que le personnage qui apparaît bâillonné et ligoté au premier plan tandis qu'à l'arrière-plan tout le monde bâfre et rigole : c'est lui.

---

102 Neuilly-sur-Seine.
103 *Ibid.*

Mardi des cendres

RUFUS,
aristocrate romain

Il fut sans aucun doute le propriétaire de la fameuse villa des Mystères, à Pompéi, une immense ferme de plusieurs milliers de mètres carrés située un peu à l'écart de la ville, ceinturée de vignobles et couverte de fresques magnifiques. Un esclave farceur a dessiné sa tête de profil sur l'un des murs intérieurs de la maison, à l'aide d'une pointe dure. Le moins que l'on puisse dire, c'est qu'il n'a pas loupé son patron. Quelle trogne ! L'homme n'est plus de la première jeunesse. Son visage est décharné. Son nez est une « oblongue capsule » que n'aurait pas reniée Cyrano. Il n'a plus de dents, ce qui rend son menton proéminent. Son œil, surmonté d'un sourcil en forme de parenthèse, semble rêver aux jours anciens. Son crâne, chauve, est ceinturé par une couronne de lauriers, signe qu'il appartenait au premier cercle de l'aristocratie romaine.

Lorsqu'il eut terminé son dessin, l'esclave inscrivit au-dessus, comme un grand éclat de rire : *Rufus est* (Voilà Rufus). Puis, le mardi 24 août 79, le Vésuve emporta tout. Durant deux mille ans, Rufus et ses fresques dormirent sous une montagne de cendres.

En contemplant aujourd'hui ce petit portrait plein de vie perdu au milieu d'un immense palais en ruine, on pourrait presque entendre le modèle soupirer, de sa bouche édentée : *Fic tranvit gloria mundi* (« Ainfi paffe la gloire du monde »).

(Devant la) TABLE (de camping)

Remerciements

L'auteur tient à remercier toutes celles et tous ceux qui, d'une façon ou d'une autre, l'ont aidé à partir à la recherche de ces personnages tapis dans les coulisses parfois très enténébrées de l'Histoire et à les convaincre de venir occuper le devant de la scène : Virginie François, Alix de Sanderval, mais aussi Jean-François Delapré, Pierre Makyo, Frank Giroud, Didier Tronchet, Anne Sibran, Amandine Barillon, Cédric Meletta, Jens Rosteck et Monika Queisser.

MIXTE
Papier issu de sources responsables
FSC® C003309

Les papiers utilisés dans cet ouvrage
sont issus de forêts responsablement gérées.

Mis en pages par IGS-CP
Imprimé en France par Normandie Roto Impression s.a.s., à Lonrai
Dépôt légal : mars 2016
N° d'édition : 4883-N° d'impression : 1600623
ISBN : 978-2-7491-4883-0